JN271555

さあ、学級通信をつくろう

学級・学年通信で、イキイキ学級・学年経営

浅井正秀

日本標準

はじめに

　私は10年以上，教頭，校長と管理職の道をあゆみ，たくさんの教員の学級経営，学年経営を見てきました。そして，学級経営，学年経営において，学級通信，学年通信の果たす役割は，非常に大きなものだと気づきました。しかし，学級通信，学年通信が重要な役割を果たしているということについて，疑問に感じる方もいらっしゃるかと思いますので，具体例をもとにお話しします。

　まず，学級通信の役割をあげてみましょう。
　1つめの役割は，学級のようすを正しく伝えることです。丁寧に学級のようすを伝えると，保護者にも学校や学級，そして子どもたちのようすがよくわかるので，安心すると同時に担任を信頼します。さらに，学級通信で担任のあたたかい人柄がわかれば，保護者もあたたかい目で見守ってくれます。
　2つめの役割は，保護者の信頼を得ることです。保護者が子どもへの愛情あふれる学級通信を読めば，担任の先生に人間的な親しみを感じ，子どものためになることなら，たとえ小さなことでも相談してくれるようになります。そうなれば，学級経営をしていく上で，もしも大きな問題が起こりそうな場合には先手を打って子どもたちを指導し，問題を解決することができます。
　例えば，ある学級では，担任がふだんの学級のようすを，次のように学級通信で伝えていました。
　「このところ学級では，"すもう"がはやっていて，担任が行司をしているのですが，子どもたちは砂だらけになり，けがをする子どもが出る可能性があります。気をつけて見ていますが，砂だらけになってしまいご家庭での洗濯がたいへんになっていると思います。その上，けがをする場合もあり，申し訳ありません。」
　すると保護者は，子どもが砂だらけで帰ることがあったときでも，あまり心配はしません。しかし，学級通信を出していない場合，おとなしく，学校であったことを家庭でほとんど話さない子どもの保護者は，学校で自分の子どもが「いじめ」にあっているのかと心配になる場合があります。そして，心配が高まってくると，学校不信，担任不信にもつながります。
　3つめの役割は，担任としての考えを伝えるということです。例えば，担任が自分の子育ての苦労を学級通信で知らせることで，保護者は共感し，担任に協力的になることもあります。そして，子育てで大切な家庭教育を盛り込むことで，保護者に家庭教育でやってもらいたいことを，さりげなく伝えることができます。
　「子どもが小さくて，手がかかり自分の時間が持てない」「家庭でほとんど勉強しない」

はじめに

　「子どもの友だちとの関係で悩んでいる」「保護者どうしの付き合い方で悩んでいる」など，自分の子育てで苦労していることを書くほうが，保護者は素直に聞き入れるようです。子育ての経験のない若い担任は，自分の親がどのように育ててくれたかや，自分が親ならこうしてみたいという考えを取り入れることによって，深みのある学級通信になります。
　さらに，ユーモアあふれる学級通信は，保護者に「読んでみたい」という意欲を持たせます。これまで学級通信をほとんど読まなかったのに，本書で紹介するようなユーモアあふれる学級通信に触れて毎回必ず読むようになり，次が楽しみと感じられるようになったという保護者をたくさん見てきました。
　このように，学級通信はじょうずに活用すれば，学級経営を助けてくれる有効な手立てになります。第1章では，こうした学級通信を書く際のポイントをまとめました。

　学年通信も同様の役割が期待されます。学年通信は学年の行事を伝えるために月に1度発行するのがふつうです。しかし，1年生のはじめのころは学級単位というよりも学年いっしょに同じ指導をすることが多いので，発行のサイクルを短くし，丁寧に次の日や次の週のことを伝えるのが効果的です。このような，学年通信を書くときに配慮したいことを，第2章でまとめました。

　本書では，学級通信，学年通信のつくり方のポイントを，実際に先生がたがつくった学級通信，学年通信を紹介しながら，説明しています。とくに，それぞれの学級通信には，先生がたの個性と，子どもたちを思う気持ちがいっぱい詰まっています。
　これから先生になろうとしている方や，学級経営で試行錯誤をしている先生，保護者に自分の学級経営の方針をうまく伝えられないと感じている先生が，本書を読むことによって，子どもと保護者の心をぐっとつかむことができるような学級通信をつくり，イキイキとした学級をつくることができる手助けになれば幸いです。
　まずは，気軽に取り組んでみましょう。

　それでは，学級通信，学年通信づくりをはじめましょう。

浅井　正秀

目 次

はじめに　　2

第1章　学級通信をつくろう　　7

1．さあ，学級通信を書いてみよう　　8
- ❶ さっそく第1号をつくろう　8
- ❷ つづけて，第2号をつくってみよう！　10
- ❸ 手書きにする？それともパソコンでつくる？　12

2．学年にあった学級通信を書こう　　14
- ❶ 1年生の学級通信を書こう　14
- ❷ 2年生の学級通信を書こう　16
- ❸ 3年生の学級通信を書こう　18
- ❹ 4年生の学級通信を書こう　20
- ❺ 5年生の学級通信を書こう　22
- ❻ 6年生の学級通信を書こう　24

3．学校行事を伝えよう　　26
- ❶ 春，1年生を迎えて　26
- ❷ 運動会のようすを伝えよう　30
- ❸ 遠足のようすを伝えよう　34
- ❹ 校外授業のようすを伝えよう　36
- ❺ 学年を超えた交流のようすを伝えよう　38
- ❻ 学校公開について伝えよう　40
- ❼ 展覧会に見に来てもらおう　42
- ❽ 学習発表会について伝えよう　44

4．日常の学校生活のようすを伝えよう …………… 48
- ❶ 子どもの発言のようすを取り上げよう　48
- ❷ 実際の授業のようすを伝えよう　50
- ❸ 授業の進め方を具体的に伝えよう　52
- ❹ 子どもの作品を載せよう　54
- ❺ 担任の日常を知らせよう　57

5．子どもたちの学力を伝えよう ………………… 60
- ❶ ふだんのテストのようすを伝えよう　60
- ❷ 学力調査の結果を伝えよう　62
- ❸ 通知表の評価について伝えよう　65

6．学年末，最後の学級通信 ………………… 68

coffee break　保護者会の出席率を上げるために
　　　　　　　〜保護者にアルバムをつくってもらおう〜　72

第2章　学年通信をつくろう　　　　　　　　　　　　75

1．学年通信をつくってみよう …………………… 76
- ❶ 学年通信をつくる前に　76
- ❷ 学年はじまりの学年通信をつくろう　78
- ❸ 保護者会を控えて　80
- ❹ １年生の学年通信をつくるときには…　82

2．学年通信で，学年のようすを伝えよう ……… 84
- ❶ 学年通信で学校行事を伝えよう　84
- ❷ 学期末の学年通信をつくろう　86
- ❸ 学年最後の学年通信をつくろう　88

| column　　著作権について配慮しよう | 96 |

| おわりに | 97 |

| 著者紹介 | 104 |

第1章
学級通信をつくろう

1. さあ，学級通信を書いてみよう
2. 学年にあった学級通信を書こう
3. 学校行事を伝えよう
4. 日常の学校生活のようすを伝えよう
5. 子どもたちの学力を伝えよう
6. 学年末，最後の学級通信

1 さあ，学級通信を書いてみよう

　新しい学級を担任して，これから1年間，どのような子どもたちと学校生活をともにしていくのだろうと，期待と不安を感じている先生に，「まず学級通信を書いてみよう」というのが，私からのアドバイスです。子どもたちの担任になったことへの希望に燃える気持ちを素直に表現することで，保護者は安心し，担任の先生を信頼します。
　さあ，実際に学級通信を書いてみましょう。

① さっそく第1号をつくろう

学級通信の題名は何にしよう？

　題名は何にしよう？　悩み（楽しみ）はそこから始まります。目指す学級を名前にしたり，自分の好きなフレーズを名前にしたり，思い浮かばなければとりあえず「学級だより」や「学級通信」としておいて，子どもたちからアイディアを出してもらうという方法もあります。題名とともに，学校名，学年，学級，日付なども書いておくと親切です。

第1号は，どのような内容を書いたらよいでしょう。

　はじめはあいさつ，自己紹介，どのような学級をつくろうとしているのかなど，まじめな内容がいいでしょう。はじめからくだけた内容ですと，担任に不安を感じる保護者も出ることが考えられます。
　「風のたより」という題名がつけられたこの学級通信では，担任は保護者が気楽に読める内容と肩の凝らないメッセージを意識してつくっています。少ない内容でも担任の熱い思いと，子どもたちといっしょに過ごす学校生活への期待が表れていて，保護者の共感を呼ぶ学級通信です。

☆point

● まず，題名を考えよう。
　目指す学級や自分の好きなフレーズを入れて，わかりやすく！
● 自分の自己紹介から始めよう。
　どのような学級にしてみたいか，気楽に読める内容にしましょう。

1. さあ，学級通信を書いてみよう

風のたより

■■小学校第5学年2組学級通信
2004．4．7（水）

櫻舞う美しい春。

お子様のご進級　本当におめでとうございます。

　新しい学年・学級に対する大きな希望を抱き5年生に進級なされたことと思います。
　この度5年2組の担任になりました　■■■■■　です。
　この1年間、お子さまが楽しい学校生活を送られるように、また高学年としての自覚をしっかりもてるように、お子さま方と、一緒に笑い・楽しみ・時には悩み、また涙したいと思っています。
　5年生では、大きな行事として臨海学校があります。また、4月には遠足、6月には運動会、2学期には学習発表会などが予定されています。
　お子さま方がそれぞれの場で「自分らしさ」を見つけ、力が発揮できる場がたくさんあります。とても楽しみな一年になりそうです。
　保護者の皆さまにはご協力をお願いする場面もあると思います。
　その折にはご協力の程、どうぞよろしくお願い申しあげます。
　また、お子さまのこと・学校生活のことなど、何かお気づきのことなどがございましたら、その都度何でもお話くだされば幸いです。保護者の皆さまと、お子さまを中心にして、ともに歩んで参りたいと考えています。
　何かと至らない点もあるかと思いますが、精一杯力をつくしてまいりたいと思っております。

　1年間　どうぞよろしくお願い申し上げます。

> 子どもたちといっしょに過ごすことへの期待感が表れていますね。

[B5判・表]

「風光る」

　始業式の時、新しいクラスに並んでいた皆さんの表情を遠くの方から見ていました。
新しいクラス・友だちに少しばかり緊張し、少しばかり硬い表情で、始業式に臨んでいたような気がします。
私は私で、担任が発表されたら、緊張した皆さんの表情が、どのように変わるかしら、とドキドキしていました。
　私は6年生の時に担任の先生が変わり、その時初めて男の先生になり「え〜っ！？」と思ったことを今でもはっきりと覚えています。けれども、大人になって小学生の時を振り返ると、6年生の時にその先生が担任で本当に良かったと思っています。
　皆さんにとっても大人になった時「2組でよかったな。」と思えるようなクラスになるように、この1年間ともに考え、ともに楽しみ、時にはともに悩みながら、一緒に過ごしていきましょう。
　始業式の後、各クラスごとに明日の連絡をしましたが、その時の話を聞く姿勢が大変素晴らしかったです。

　しっかりと話している人の目を見る。

　とても大切なことだと思います。
　当たり前のことのようですが、それが当たり前になるまでは結構大変なのです。
　とても頼もしく感じました。
　風がキラキラと光る新学期、28人の仲間とスタートを切れたことを大変嬉しく思います。

> 新しい学年になって，少し不安になっている子どもたちにやさしいまなざしを送っていることがわかります。

[B5判・裏]

第1章　学級通信をつくろう

9

2 つづけて，第2号をつくってみよう！

第2号の内容は？

「風のたより」の第2号は，どのような内容になったのでしょうか？

それは，学校生活を送るために必要な，委員会のメンバーを決めたことを知らせる内容です。委員会決めでは，自分のやりたい委員会が希望通りにならなくて，不満を持った子どもがいたかもしれません。そして，家庭に帰った子どもが保護者に不満を言うと，子どもから話を聞いただけの保護者は，わが子かわいさから，担任に不信感を持つこともあるかもしれません。担任に対しての不信感というのは少しずつたまっていき，あるとき大きな不信となって表れることが多くあります。

そこで「風のたより」では，まず子どもたちが学校生活でがんばっていることを書き，保護者に安心感を持ってもらおうとしています。それから，さりげなく希望の委員会に入れなかった子どもに対しての思いやりを表した記述をしています。このようにすると，保護者は学校のようすがわかって安心し，不信感を持ちません。

発行するペースは？

- 気合いを入れて，子どもたちと保護者のために毎日発行しようという先生。
- 週に一回くらいのペースで，子どもたちのようすを保護者に知らせようという先生。
- 教材研究に力を入れたいので，学級通信は月一回くらいの発行にしようという先生。
- 前担任が発行していたので学期に一回くらいは出そうという，学級通信に対しては消極的な先生。

このように担任の考え方で，発行するペースはさまざまです。学級通信は保護者を味方につけて協力してもらうためには有力な手段ですが，学級通信に時間を取られて教材研究がおろそかになってしまうのでは，本末転倒です。

無理なく担任も楽しみながら発行できて，子どものよい面を保護者に伝え，喜んでもらえるのがいちばんいいことだと思います。自分の仕事量などから学級通信を発行できる余力を考え，発行するペースを割り出すとよいでしょう。

> ☆point
> ●第2号では，委員会決めなど，学校生活を入れてみよう。
> 　子どもたちが新しい環境に慣れるようすを，さりげなく伝えていきましょう。
> ●自分の仕事量から，発行するペースを割り出そう。
> 　「継続は力なり」。無理なく，自分も楽しむのが，長続きの秘けつです！

1. さあ，学級通信を書いてみよう

風のたより

■小学校第5学年2組学級通信
2004.4.8（木）

委員会が決まりました。とても積極的で、すぐにメンバーが決まりました。
さすが、高学年としての自覚と意欲が感じられました。

図書	■竣くん・■直人くん・■瞳さん
放送	■耕平くん・菜月さん・■みずきさん
広報・掲示	瑞樹くん・理菜さん
飼育	将大くん・知宏くん・弘美さん
運動	■健太くん・泰尚くん・優希さん
理科・整備	涼平くん・加奈さん
美化	■光太郎くん・桃子さん
給食	■望くん・奈月さん
保健	泰佑くん・隆繁くん・真愛さん
集会	佑磨くん・良太くん・■春花さん
代表	■達也くん・友菜さん

> 発行できるときに発行しようと気軽に考えるのが、長続きの秘けつです！

[B5判・表]

「風光る」其の二

> この一言に、希望の委員会に入れなかった子どもに対しての思いやりが感じられますね。

新学期が始まって、2日目が終わりました。
昨日から早速の5時間で、緊張の中少し疲れた人もいるのではないでしょうか。
私はというと、とてもあっという間に5時間目までが終わってしまいました。帰りがけにお教室から風に舞う櫻の美しさをみんなで見られたのも、四階のお教室ならではの醍醐味（だいごみ）でした。
昨日は委員会を決めましたね。飼育委員会の大人気ぶりには少し驚きましたが、どの委員会のお仕事も**学校を代表する仕事**に変わりありません。どの仕事もとても大切なのでしっかりとがんばってください。残念ながら第1希望の委員会に入れなかった人は、まだ機会は3回ありますので、再度挑戦してみて下さいね。
体育の時間、体育館へ移動する前に私がお話したこと。
皆さんがしっかりと受け止めてくれて、一言もお話をせずに移動できたのは、本当に素晴らしいなと思いました。
歩く途中で何度か振り帰り皆さんのようすを見ていましたが、とても引き締まった高学年らしい表情でした。「低学年のお手本となろう・他のクラスに迷惑がかからないようにしよう。」という気持ちが行動に現れた結果だと思います。それが、**思いやり・やさしい気持ち**でもあるのです。
私たちが生きている地球は、大気に包まれています。太陽の光も大気・空気があるからこそ、あんなに美しく光ってくれるのです。その空気が流れると「風」になります。風がそよぐことでキラキラとした太陽がさらに光り輝きます。
そよ風のように軽やかに歩むことで、皆さんの心・表情・態度がさらに光っていくことと思います。

> 学級通信の題名の「風」について、第2号で自分の思いや考えを書いています。これも保護者の共感を呼ぶでしょう。

[B5判・裏]

③ 手書きにする？それともパソコンでつくる？

子どもへの愛情を第一に。

　保護者に話を聞くと，「手書きは，味がある」という意見と，「パソコンは読みやすい」という意見が半分に分かれるように感じます。
　「前の担任の先生がパソコンで学級通信をつくってくれて読みやすかったのですが，今度の担任の先生は手書きなので，はじめは違和感があったけれど，慣れてくると味があると思いました」というように，担任が手書き，あるいはパソコンのどちらでつくったとしても，保護者は担任のやり方に慣れてくれると思います。ただし，子どもに対する愛情がないと，保護者の反応も変わってきます。それは，担任が子どものために愛情をかけて一生懸命指導しているかどうかを，保護者は敏感に感じ取るからです。

自分にとっての手書きの利点，パソコンの利点を考えよう。

　パソコンで打ち込むのは訂正が簡単という利点がありますし，手書きはパソコンがなくても紙と鉛筆があればどこでも書けるという利点があります。どちらも長所があるので，長く学級通信を発行し続けるためには，どちらがよいかを考えてから書き始めるとよいでしょう。両方取り混ぜて発行している担任もいますが，保護者は「学級通信の感じが変わっておもしろい」という反応でしたので，取り混ぜても問題はないようです。

誤字，脱字はしっかりチェック！紙の大きさも臨機応変に。

　誤字脱字が多く見られる学級通信，子どものよい面に目を向けない学級通信は，保護者の不信を招きます。手書きかパソコンかどちらで書くにしても，文章の推敲はしっかりと行い，子どもを大切にする気持ちをきちんと表す文章を書くように心がけましょう。
　なお，紙の大きさですが，B4判，あるいはB5判・A4判が主流です。連絡事項や大きな行事のことを書き込む場合はB4判，毎日でもよいから子どもたちの学校生活を伝えたい場合はB5判・A4判というように，使い分けてみるといいですね。
　「今年は学級通信を続けてみたい！」と思う場合には，負担感の少ないB5判・A4判にして，日記ふうに書いていくことをおすすめします。

> ☆point
> ●自分に合った学級通信の書き方を考えよう。
> 　手書きでも，パソコンでも，子どもを大切にする気持ちを表しましょう。
> 　文章の推敲をしっかりと行うことも忘れずに！

1. さあ，学級通信を書いてみよう

手書きでつくったこの学級通信は第2号です。学級通信の題名を，どうして「みんなちがってみんないい」とつけたのか，わかりやすく説明しています。手書きの1文字1文字から，このクラスを担任する喜びが伝わってきそうですね。

[B4判・左ページ]

パソコンでつくった学級通信の例です。
　見出しに変化をつけたり，文章の途中にクイズを入れたりして，紙面を読みやすく，親しみが持てるような工夫が表れています。
　会話文も多いので，とても読みやすいですね。

[B5判]

第1章　学級通信をつくろう

2 学年にあった学級通信を書こう

子どもたちは，日々成長していきます。学級通信に書く内容も，学年によって異なってきます。
ここでは，学年の違いによる学級通信の書き方のポイントをお伝えしましょう。

① 1年生の学級通信を書こう

1年生は，まず学年で足並みをそろえよう。

1年生は学年全体で足並みをそろえて，同じような指導をしていくことが多くあります。保護者にとっても，上に兄弟がいなければはじめての小学校生活ですから，各学級でバラバラなことをしているよりも学年で同じように指導してもらい，どの学級の子どもたちも同じように成長していると思うほうが安心します。

そこで，はじめのうちはこまめに学年の先生が交代で学年通信を発行し，日々の予定について知らせていくほうが効果的です。

1年生の学年通信のつくり方については，第2章（82～83ページ）で紹介します。

子どもたちのよいところを積極的に書こう。

一方で，1年生の保護者は，学校でのようすについて学年通信を通してだけ知らされると物足りなさを感じるはずです。そこで，学年通信に書かれていない，学級のもっと詳しいようすを，学級通信で知らせることが大切になります。

「ちょちょちょんドンマイ！4月16日号」では，かなりのスペースをとって，入学して子どもたちがじょうずになってきたことや，子どもたちのよいところを書いています。保護者は，担任の先生が数日間で子どもたちのできるようになったことやよいところをたくさん見てくれていることを知り，安心感を持つことができます。

最後に「学校ではこんなことをしています」と紹介して，家庭でもいっしょに同じことをしてもらえると，子どもに学校での生活習慣を定着させることが期待できます。

☆point

● 「できるようになったこと」や「子どもたちのよいところ」を積極的に書こう。

1年生の保護者にとっても，はじめての学校生活です。保護者が安心感を持てるように，子どもたちのよいところをたくさん紹介しましょう。

2. 学年にあった学級通信を書こう

ちょうちょちょん ドンマイ！

■小学校 1の2 学級だより No.1 2007.4.16(月)

みんなで育ちあえるクラスを！
どうぞよろしく おねがいします

入学式のときにも お話しましたが、このたび 縁あって 1年2組 33人の子どもたちの 担任になりました ■■■(爽)です。同じ区内の ■■小学校から 来たばかりの ホヤホヤの先生です。(帰りに 子どもたちを 送って 行っても、まだ、道が よくわからなくて、"迷子 No.1号"に なりそうでした。)

でも、新しい環境の中での 戸惑いも、かわいい子どもたちや、あたたかい ■■小の先生方に かこまれて、ホッとした気持ちに 変わってきています。

これから 1年間、子どもたちの 思いをうけとめ、子どもたちの心に 共感できる 担任で ありたいと 思います。そして、一人ひとりが のびのびと 良さを発揮でき、「みんなで いるって いいな」と 感じられる 環境を つくって いきたいです。

また、父母の みなさんとの 出会いも 大切にし、手をとりあって、子どもたちが 互いに 育ち合える クラスを つくっていきたいです。入学式のときにも、お話しましたように、子どもたちだけでなく お父さん お母さん同士も 仲良くなり、"みんな わが子"の 精神で、子どもたちの ちょっとした 成長も、みんなで 喜び合える、あたたかい クラスを、つくって いきましょう。あせらず 一歩 一歩 進んでいきます。どうぞ よろしく、お願いします！

[B4判・左ページ]

> 第1号なので、はじめに担任としてどのような学級をつくっていきたいのか、目標を大きく書いていますね。
> 保護者は、担任の先生が「協力し合うこと」の大切さを子供に教えていきたいと考えていることを知ることができます。

> 学級通信の題名をつけた理由が書かれています。少しユーモアを含んだ学級通信は肩が凝らずに読みやすく、楽しいので、「早く次が読みたい」という保護者の声が聞こえてきそうです。

「若すぎる絵でごめんなさい！」

「学級だよりの名前は、何にしようかなあ…」と 何日か、考えていました。…そして、ひらめきました！

『『ちょうちょちょん ドンマイ！』だわ!!』… 私の大すきなことば『ドンマイ！』です。

「失敗したり、まちがえたりすることを、心配しなくていいよ。」「だれだって そういうことが あるんだよ。」「まちがいから、学ぶことは、いっぱい あるよ。」「みんなで はげましあって のびていこうね。」…こんな気持ちで クラスづくりを したいなと 思って 決めました。おうちのみなさんの おたよりも 大歓迎です。どうぞ およせくださいね!!

じょうずに なってきたね

★朝、教室に 来たらやる『朝のしたく』が みんな じょうずに なってきました！
①ランドセルの中身を机に入れる。②ランドセルの中に 帽子や ぬいだ上着を入れる。③ランドセルを ロッカーにしまう。④れんらくぶくろの中に 入っている、提出プリントや、れんらくノートを、先生の机に出す。…こんなに たくさん あるのに、できるように なってすごい！…それから、やるのを わすれている お友だちに、教えてあげている人がいて、袋は「やさしい人が いて、うれしいなー」と 思いました。

★1年生のはじめは、お手紙のプリントを きちんと たたんで 確実に、連絡袋に入れることも、勉強です。プリントは、必ず ①机の上で、②紙の角と角を合わせて、③手でおさえて…と 私が お手本を 見せながら やっています。

はじめ、「できなーい！」と こまっていた人も、根気よく やるうちに 上手になってきました。もち帰るプリントが多い日は、ちょっと大変ですが、全員が しっかり 連絡袋に 入れられるように がんばっています。そして、「君たちは、先生と おうちの人を むすぶ ゆうびん配達やさんだからね。がんばってね。」と、子どもたちを、励ましています。

おねがい
この学級だよりを とじる ファイルを 後日、お配りします。学級だよりには、教室での 子どもたちのようすや 子どもたちの 文なども のせていきたいと 思います。お手数を おかけしますが、NO.(ナンバー)順に、ご家庭で とじてくださるように お願いします。

> 1年生が学校生活に慣れてきて、"朝のしたく"がじょうずにできるようになってきたことがうかがえます。
> これだけあたたかい学級通信の内容ですと、「おねがい」も喜んで協力する気持ちになりますね。

[B4判・右ページ]

第1章 学級通信をつくろう

② 2年生の学級通信を書こう

持ち上がりの学級の場合は…。

　2年生の学級通信は，持ち上がりの学級でしたら，担任についての細かい説明はいりません。人間関係もできていますので，**「ケセラセラ4月11日号」**のように，子どもたちとの活動のようすや1年生のときとくらべて成長しているようすを知らせるだけで，保護者は安心しますし，担任の先生をさらに信頼します。

持ち上がりの学級ではない場合は…。

　1年生の担任は，子どもたちにとって，とても印象深いものです。小学校に入学してはじめてお世話になる先生ですから，2年生になるときに異動などで担任が変わると，悲しくて泣いてしまう子どももたくさん見られます。

　ですから，持ち上がりでない学級の担任になって最初の学級通信は，まず子どもたちに，今度の先生は楽しい先生だと思わせることが大切です。あまりかたい文章にならず，「いっしょに，たくさん，遊ぼうね」など，これから先生と過ごす日々が楽しみになるような記述をして，子どもたちに読んであげるとよいでしょう。

低学年は，とくに子どもたちのよい面を中心に書こう。

　文字や言葉，文の基礎を学びつつある低学年の子どもたちは，学級通信が配られても内容を読んで理解することは難しいのがふつうです。ですから，内容は保護者に向けたものと考えてもよいでしょう。

　しかし，子どもが読まないからといって，「家庭でも子どものこのような点について注意してほしい」という子どもを注意する内容ばかりですと，はじめは協力して子どもを注意してくれた保護者も，「学校では指導してくれないのか」と担任に対して不信感を持つようになります。

　やはり，保護者向けでも，子どもを注意することより，子どものよい面を中心に書いていくことが大切です。

☆point

●1・2年生では，とくに子どものよい面を中心に書こう。

　低学年での学級通信は，子どもが読まないからといって子どもを注意する内容ばかりだと，保護者の不信感を招きます。子どもたちの学校でのよい面を中心に書きましょう。

2. 学年にあった学級通信を書こう

> 学級目標の話し合いを通して，1年生からの子どもたちの成長のようすが読み取れますね。

第1章 学級通信をつくろう

2年3組 学級通信
ケセラセラ
4月11日 NO.5

★ 学きゅう目標

席がえ，係決め など 新学期の 準備が 着々と 進められています。2年3組は どんな クラスで ありたいか，どんな クラスにしていきたいかを 考え，学級目標を 話し合いました。昨年度 一年間を 共に 過ごし，クラスの 現状も 分かっているので， 今年度の 目標は 自分達で 決めて 欲しいと 思っていました。全員に 考えてもらう為，各班で 少し 話し合った後，発表を してもらいました。1年生の時に 比べ，班での 話し合いは，遊び出す人も いなく，頭を 寄せ合って 意見を 出し合っていました。これだけで ビックリしましたが，この後，各班の 発表を 聞き，更に 感心しました。

1班… みんなに 優しい クラス　　2班… 友達の 注意を 素直に 聞ける クラス
3班… 挨拶を きちんと する クラス　4班… みんなの 気持ちが ひとつに まとまる クラス
5班… 友達と 仲良く する クラス　　6班… 仲良く 助け合い，勉強する クラス
7班… 話をしている人の方を 見て 話を しっかり 聞ける クラス
8班… 外で 元気いっぱい 遊ぶ クラス．

どれも 大切で いいなぁ と 思うもの ばかりでした。よく 自分達で ここまで 考えられたと 何度も 褒めて しまいました。各班の 発表を 聞き，この班の この目標の こんな所が いいと 思うことを 数名に 話してもらいました。どれも いいので ひとつに しぼる 必要は ないと 考えながらも，「もし 2年3組の目標として 一番 最初に あげると したら どれが いい？」と 多数決を とってみました。結果は "外で 元気いっぱい 遊ぶ クラス" でした。他に 聞こえ や 見映えが いいものが いっぱい あるのに…と 思いましたが，子ども達は 「全員が 元気いっぱい でいたい！！」ということでした。なるほど，その通りですね。みんな すっかり 成長してしまい，彼らから 教わることが 多かった 新年度スタート 最初の 一週間でした。来週から 負けずに いきます！！

[B5判]

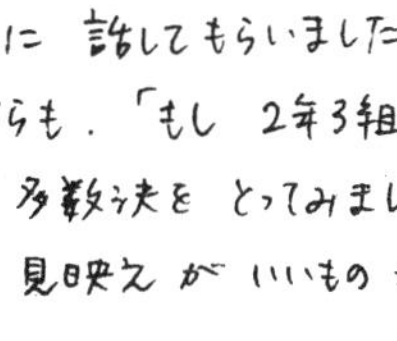

> 担任が，学級の中で 子どもたちを よくほめている ようすが うかがえますね。

③ 3年生の学級通信を書こう

3年生らしい目標設定をしよう。

　学校にも慣れてきた中学年の子どもたちは，元気いっぱいで活動的です。2年生から3年生に進級するときにクラス替えをする学校も多く，新しい友だちもできます。また，学習の内容も増え，授業時数も多くなり，家庭学習も重要になってきます。

　そこで，3年生の学級通信は，子どもたちが学校のことをある程度わかっているという前提で書きましょう。「ハッピー4月26日号」では，宿題（家庭学習）の重要性を書いています。私が朝礼で話したことを引用し，家庭でも学習時間をとると，さらに力が伸びることを伝えています。そして，学習のしかたも具体的に書いています。

子どもたちのトラブルを，学級通信でどのように伝えるか。

　クラス替えをして新しい友だちができ，新しい人間関係が始まることで，トラブルも出てきます。そのようなときに家庭で気をつけてもらいたいことを学級通信に書くことで，保護者から子どもに声をかけてくれることもあります。

　「ハッピー5月17日号」では，はじめにクラスの子どもたちのよい面に目を向けています。次に言葉づかいの悪いことと，友だちとのコミュニケーションがうまくとれないという課題をどのように改善していったらよいかについて触れています。

　このように，まず子どもたちのよい面を書き，子どもや保護者に学級通信を読みたくなるようにすることが大切です。それから子どもたちに身に付けてもらいたいことを書いて，保護者や子どもに意識してもらうと，しっかりとした学級をつくっていくことができます。

保護者が子どもに声かけしてもらえるような工夫を。

　保護者に向けて，子どもを気づかい，声をかけてもらえるような工夫を，学級通信を通して行ってみましょう。子どもたちは保護者から声をかけてもらえることで，「家の人もわかってくれている」という安心感を持つことができます。

　このような学級通信を心がけると，子どもの心の安定と保護者からの信頼が得られるでしょう。

☆point

●子どもたちだけでなく，保護者にもタイムリーなアドバイスを。

　クラス替えが行われた直後，子どもは保護者に不安な気持ちを伝えます。学級での子どもたちをよく見て，保護者にもタイムリーなアドバイスを心がけましょう。

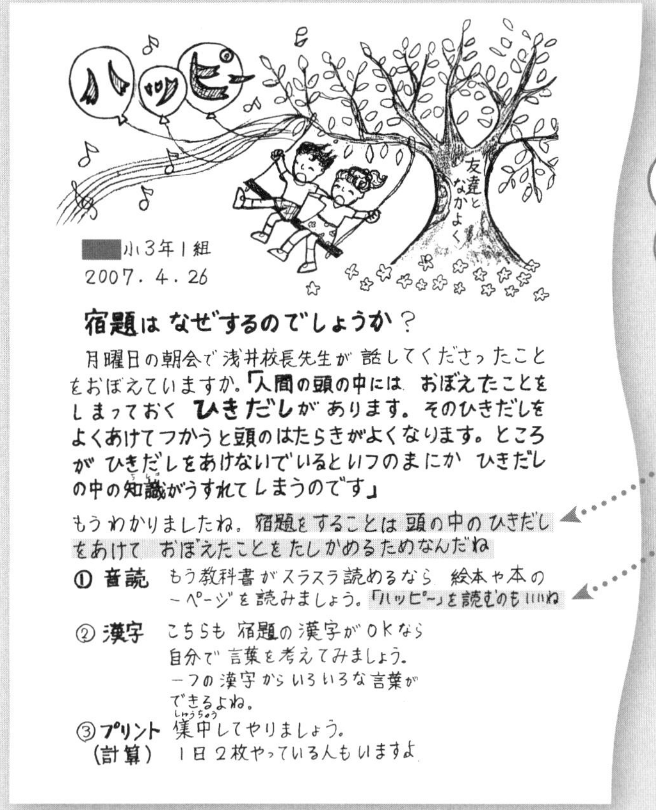

2. 学年にあった学級通信を書こう

第1章 学級通信をつくろう

> 学習内容が増えた3年生らしい内容です。宿題の意味を、わかりやすく伝えています。
> また、3年生になると、子どもたちは学級通信を読むことができます。担任として伝えたいことを文章で明らかにできることも、学級通信のメリットです。

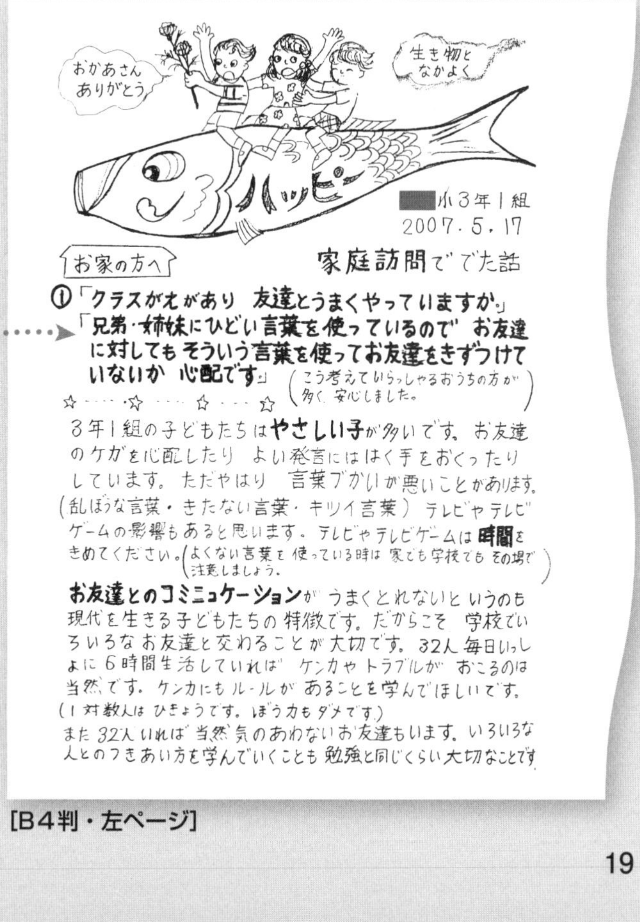

ハッピー

■小3年1組
2007.4.26

宿題は なぜするのでしょうか？

月曜日の朝会で浅井校長先生が 話してくださったことをおぼえていますか。「人間の頭の中には、おぼえたことをしまっておく ひきだしが あります。そのひきだしをよくあけてつかうと頭のはたらきがよくなります。ところが ひきだしをあけないでいると いつのまにか ひきだしの中の知識がうすれてしまうのです」

もうわかりましたね。宿題をすることは 頭の中のひきだしをあけて おぼえたことをたしかめるためなんだね

① 音読　もう教科書がスラスラ読めるなら 絵本や本の
　　　　～ページを読みましょう。「ハッピー」を読むのもいいね

② 漢字　こちらも 宿題の漢字がOKなら
　　　　自分で 言葉を考えてみましょう。
　　　　一つの漢字から いろいろな言葉が
　　　　できるよね。

③ プリント　集中してやりましょう。
　（計算）　　1日2枚やっている人もいますよ

[B4判・左ページ]

> 家庭訪問で出た質問をうまく一般化しています。どの家庭でも、心配ごとは共通しています。子どもたちのよい面をおさえながら、担任として適切なアドバイスを行いましょう。

ハッピー

おかあさんありがとう　　生き物となかよく

■小3年1組
2007.5.17

お家の方へ　　**家庭訪問ででた話**

① 「クラスがえがあり 友達とうまくやっていますか」
　「兄弟・姉妹にひどい言葉を使っているので お友達に対しても そういう言葉を使ってお友達をきずつけていないか 心配です」（こう考えていらっしゃるおうちの方が多く、安心しました。）

☆・・・☆・・・☆・・・☆

3年1組の子どもたちは**やさしい子**が多いです。お友達のケガを心配したり よい発言にはく手をおくったりしています。ただやはり 言葉づかいが悪いことがあります。（乱ぼうな言葉・きたない言葉・キツイ言葉）テレビやテレビゲームの影響もあると思います。テレビやテレビゲームは**時間**をきめてください。（よくない言葉を使っている時は 家でも学校でも その場で注意しましょう。）

お友達とのコミュニケーションが うまくとれないと いうのも現代を生きる子どもたちの 特徴です。だからこそ 学校でいろいろな お友達と交れることが 大切です。32人 毎日いっしょに 6時間生活していれば ケンカや トラブルが おこるのは 当然です。ケンカにも ルールが あることを学んでほしいです。（1対数人は ひきょうです。ぼう力もダメです。）

また 32人 いれば 当然気のあわないお友達もいます。いろいろな人とのつきあい方を学んでいくことも 勉強と同じくらい大切なことです。

[B4判・左ページ]

19

④ 4年生の学級通信を書こう

6年間の学校生活の折り返し地点を迎えて。

　4年生は，6年間の小学校生活の後半の始まりです。上級学年としての自覚が強くなる学年です。

　「チャレンジ5月2日号」は，子どもたちのがんばっているようすと，学年が上がって下級生の面倒を見るようになった頼もしさを，うまく表現しています。

　この担任は持ち上がりではなく，4年生になって新しくこのクラスを担任しました。学級通信を通して，保護者は担任がわずか1か月で子どもたちのよい面を見つけて認めてくれたことを知り，担任への信頼感を深めてくれました。

保護者へのねぎらいをさりげなく伝えよう。

　さらに，この担任は保護者に感謝の気持ちを書いています。遠足に向けて，保護者は子どものためにお弁当をつくるなど，朝早くから努力をしています。担任からのねぎらいの言葉は，思いのほかうれしいものです。保護者の信頼はさらに厚くなることでしょう。

子どもたちの成長のようすをたくさん伝えよう。

　同じ全校遠足を題材にした学級通信で，持ち上がりの担任が書いた「ハッピー5月7日号」を見てみましょう。持ち上がりの担任らしく，昨年からの子どもたちの成長のようすを，子どもたちの作文にあった印象的なフレーズを引用しながら伝えています。

　この学級通信を読むと，4年生が3年生に対して思いやりとやさしい気持ちを持って，面倒を見ているようすがよくわかります。子どもたちが4年生に進級し，心の成長がたくさん見られることに，保護者は頼もしさを感じることでしょう。

　このように，二人の担任の書き方は違っても，子どもたちをあたたかい目で見ているところは同じで，保護者は安心します。

☆point

- **4年生らしい子どもたちの成長のようすを伝えよう。**
　6年間の後半を迎えた4年生。上級学年としての自覚も芽生えます。下級生との交流を通して見られた子どもたちの成長のようすを，積極的に伝えていきましょう。
- **保護者への感謝の気持ちも忘れずに。**
　保護者も，子どものために一生懸命です。折を見て，担任としてねぎらいの言葉や感謝の気持ちを表現しましょう。

2. 学年にあった学級通信を書こう

第1章 学級通信をつくろう

[B4判・左ページ]

〇〇小学校
4年2組
学級通信
平成20年5月2日(金)

チャレンジ

♪ 楽しかったよ 全校遠足 ♪

昨日は、子どもたちが待ちに待った遠足の日。楽しみでなかなか寝つけなかったり、朝いつもよりも早く起きてしまったりと、ドキドキワクワクしていたようです。

朝からとってもいいお天気で、多くの子が半袖 おいしいお弁当とおやつが入ったリュックサックを背負って出発しました。3年生の手をしっかり握って電車に乗ると、「静かにするんだよ」という声が。さすが4年生!!席が空いていると、「3年生が優先だよ」と、席をゆずっていました。さーすが4年生 公園でのウォークラリーやお弁当の時間も常に3年生に気遣っている姿がとても頼もしく思えました。

午後、3年生が一足先に帰ると、仲の良いお友達と虫をさがしたり、つつじで髪飾りを作ったりと自由に楽しんでいました。

帰り際、子どもたちは「楽しい日だったね 先生!」と、とっても喜んでいたのでおうちにもたくさんのみやげ話を持ち帰って、たくさん話してくれたことと思います。

お忙しい中、子どもたちの遠足準備をしていただき、ありがとうございました。

ゴールデンウィークです!!
明日から4連休となります。楽しい計画が立っているご家庭も多いと思います。たくさん思い出を作っていただいたり、4月の疲れをいやしたり、体調を整えて、来週から運動会練習に入りたいと思います。よろしくお願い致します。

> 3年生を連れて遠足に行った4年生の成長の姿が、よくわかりますね。
> また、保護者への感謝の気持ちも表しています。

[B4判・左ページ]

HAPPY 小4年1組 2008.5.7
心 を みがいた 遠足

上学年として はじめての遠足。
はじめは みんな3年生をリードできるか心配していました。でも 歩く時は しっかり3年生の手をつなぎ 3年生がつかれないように「しりとり」などしていました。電車の中でも 3年生を先にすわらせてあげていました。ウォークラリーも グループではぐれないようにしていましたね。おべんとうの時には すっかりうちとけて「おかし交かん」なども楽しんでいました。本当によくがんばっていたと思います。(ただ 3年生が帰ってしまったかえりの電車のマナーには 反省すべき事もあったと思います。)

次の日書いた作文にも 「3年生の笑顔がきえないようにがんばった」とか「3年生のためだと思えば なにをするのも楽しかった」とか「3年生ともすばらしい国をつくれて うれしかった」などと書いていましたね。

3年生の世話をしたことが 実は 自分の心をみがくことになるんだね。 これからも 人にやさしく をわすれないで!

〈美紅さんへ〉「3・2・1～ 夢のとびらが開いた」というでだしがとてもステキですね。さすがアナウンサーになりたいだけあって 言葉の使い方がとてもきれいで 人をほっとさせるものがあるね。「みんなを幸せ」にするためにがんばるというのも すばらしい。

〈亮磨さんへ〉いつも家族のことを大切にしている亮磨君。家族みんなで力をあわせて かなえたいこんなにステキな夢が あったのですね。生き物も大切にしている亮磨君ですから きっと野菜づくりも うまいと思います。 私も 亮磨君オリジナル料理食べたいです。

> 遠足のことを書いた作文での印象的なフレーズが添えられています。3年生を思う4年生の純真な心が表れていますね。
> これを読んだ保護者は、子どもたちの成長を感じ取ったことでしょう。

⑤ 5年生の学級通信を書こう

子どもたちが読むことを前提に書こう。

　学級通信は，基本的には保護者に読んでもらうことを想定しています。しかし，高学年になると，学級通信を配布したと同時に読んでいる子どもがたくさんいます。そこで，とりわけ高学年では，子どもが読むことも想定して学級通信をつくりましょう。

内容も読ませるものに。

　「友だちの笑顔6月2日号」では，社会科の授業の最中に，運動会で踊る予定のソーラン節の音楽がとなりのクラスから聞こえてきて，子どもたちが踊りたくてうずうずしているようすを伝えています。そして，とうとう担任は社会科の授業をやめて，ソーラン節の練習に切り替えました。

　授業を途中で切り替えてしまったことはさておき，子どもが読んでも，担任の先生が自分たちのことを真剣に考えてくれていて，自分たちのよいところを見てくれていることを感じ取ることができます。保護者にとっては，担任と子どもたちの関係がほほえましいものであることがよくわかります。

　5年生では，このように学級通信を読み物として活用することもできます。

高学年でも，子どもたちのよい面を中心に。

　「学級で子どもたちの行動で困っているから，家庭でも注意してもらいたい」という内容ばかりですと，直接読んでいる高学年の子どもたちの気持ちは担任から離れてしまいます。さらに，保護者にとっても，子どもを注意してもらいたいというマイナスの要因ばかりが書かれていると，あまりよい気分はしません。

　ですから，低・中学年と同じように，ふだんは子どものよい面に目を向けて，よいことを学級通信に載せましょう。そして，「このことはぜひ保護者にも協力してもらい，担任とともに子どもをよくしていこう」という気持ちを強く持ったときだけ，注意する内容を書くと効果的です。

☆point

●**子どもたちが引きつけられ，しっかりと読むことができる内容にしよう。**
　高学年は，学級通信の内容を確実に理解することができます。子どもたちが読むことを前提に，熟読してもらえるような内容を心がけましょう。

●**ふだんは子どもたちのよい面を書こう。注意する内容はここぞというときに。**
　低・中学年と同様に，子どもたちのよい面を中心に書きましょう。そして，ここぞと言うときに注意する内容を書くと効果的です。

2. 学年にあった学級通信を書こう

> 授業中のできごとを、ユーモアを交えて伝えています。子どもたちと担任のほほえましい関係がうかがえますね。

[B5判]

友達の笑顔

■■小学校
5年2組
2005.6.2

ついつい 体が動いちゃう

今日はちょっと可笑しい話題です。月曜日の4校時、社会の時間でした。稲作について勉強している最中、隣の1組では、ソーラン節のビデオを見ているようでした。この時点では、子供たちもあまりそんなことを気にもかけていませんでした。

ところが、どうやらビデオを見終わって、踊り始めた様子。音楽が聞こえると、みんなの顔が、きら～んと輝いたのです。それまでの稲の話には曇っていた顔も晴れ晴れとして、なんと、にこにこ顔で担任を見るのです。何だか可笑しくなるのを抑えて、授業を続けようとすると、隣から「ヤー！どっこいしょ、どっこいしょ、ソーランソーラン」と聞こえてくるではありませんか。2組の子達の口も、それに合わせて声なしで動いているのです。さらに笑いをこらえて、「歌わない！！」と言いました。すると今度は、隣のクラスから聞こえる音楽に合わせて、体が動き始めました。こういうのに弱い担任はとうとう吹き出してしまいました。子どもって、担任を試しているんですよね。この吹き出しが、許しと思って（勘違いなのに）椅子から立ってとうとう踊り始めたのです。

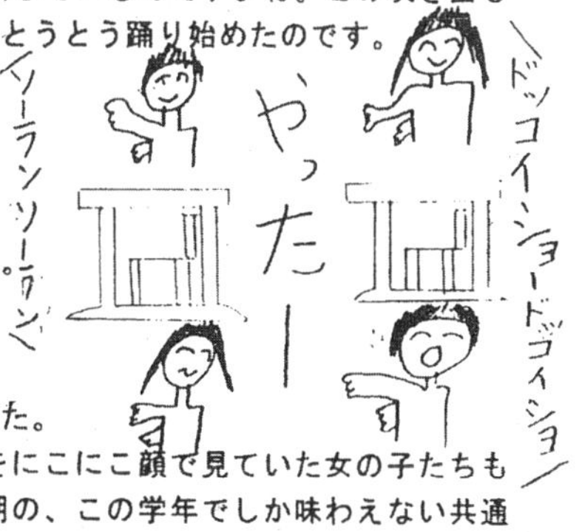

本当はここで、こらあ！なのでしょうかね。私は、もう笑いが止まらず―――こう言うときの子供たちって実にかわいいなあと思います。いつの間にかソーラン節大好きになって、音楽が聞こえれば、動きたくなっちゃう。共通の思いなのです。
「うーーん仕方ない、あと7分だから踊るか。」

「やったあー」

と言うが早いか、みんなどんどん机をさげていました。

それまで、男の子たちの、この愉快な振る舞いをにこにこ顔で見ていた女の子たちも夢中になって声を出し、踊り続けました。この時期の、この学年でしか味わえない共通な思いなのですね。何年たっても、こうして夢中になれる踊りを編み出してくださった稚内の南中学校の先生や中学生たちに、今更ながらにありがとうを伝えたい気がします。

雨続きで校庭練習が1回くらいしかできそうもなく、組体操も、ソーラン節も、騎馬戦も心配です。それでも、この頑張りをぜひとも日曜日に見ていただきたいと思います。

てるてるぼうずでも作りましょうか。

黒いはっぴを着せて。

> 高学年の学級通信は、子どもたちに読む力を育てることはもちろん、担任も文章力を養うよい機会です。
> このように、ふだんの学級のようすを実況中継ふうに伝えるのも、1つのアイディアですね。

⑥ 6年生の学級通信を書こう

心身ともに成長した6年生。

　いよいよ最高学年になった6年生。6年生には，上の学年の子どもがいません。先生以外に怖い存在がいないので，ふだんの学校生活でも気配りのない利己的な行動をしてしまうことがあります。さらに，心も体も成長していますので，ほかの学年とは違った指導の難しさがあります。

最高学年としての自覚を持たせる。

　「風のたより5月27日号」では，5年生が6年生をお手本にして，運動会の練習に取り組んでいたときのエピソードを取り上げています。5年生にとって，6年生がいないとかなり不安なようです。それだけ，6年生を信頼していると言えます。

　このように，最高学年としての自覚や自信を持たせるような内容の学級通信は，子どもをよい方向に成長させます。さらに子どもの成長を見た保護者も，担任を信頼することにつながります。最高学年で，1年から5年までのお手本になるように行動することを意識させるような内容を，常に取り交ぜると効果的です。

　そして，「このような6年生の行動を見た下学年の子どもたちが，とても感心していました」という書き方で，最高学年としての自覚を持たせるのがよい方法です。

☆point

● 6年生は，最高学年としての自覚を持たせよう。

　6年生は，必ず学級通信に目を通します。そこで，1年から5年までの下級生のお手本になるようなできごとを，学級通信に積極的に載せましょう。ただし，あまりにも強調しすぎると余計な重荷になって逆効果ですので，子どもたちの一生懸命取り組んでいるようすを，素直に伝えましょう。

2. 学年にあった学級通信を書こう

第1章 学級通信をつくろう

> 5年生のこのつぶやき，印象的ですね。6年生がいかに信頼されているかがよくわかります。

風のたより

「颯　爽　と」

■小学校第6学年2組学級通信
２００５．５．２７（金）

「だって、6年生が前にも後ろにもいないんだもん。」
　さあ、これは誰がいつ言った言葉でしょうか。
　昨日の1時間目は、これまで体育館で練習してきたソーラン節の練習を初めて校庭で行いました。
　最初に踊りの変更部分と隊形の説明をしたあと、いよいよ音楽をかけて踊り出しました。
　ところが‥‥。いざ踊りが始まると、それまでは体育館一杯に割れんばかりの勢いのある声が響いていたにもかかわらず、
「どっこいしょ・どっこいしょ・ソーラン・ソーラン。」というかけ声がまったく聞こえてこないのです。
　外に行ったので、声が拡散してしまったのでしょうか。
　それにしても小さな声です。
　そこで、冒頭の言葉になるわけです。
　実はこれは、昨日のソーラン節の校庭での練習の後に5年生から出てきた言葉だそうです。
　これまでは、前に**実行委員**・後ろからは**6年生の大集団**が声でも踊りでも、5年生を**しっかりサポート**していたのですが、校庭では、前にも後ろにも6年生はいません。
　それで、5年生は少し、いえ随分と不安に感じたとのことでした。
「それだけ頼りにされていたんだなぁ。」と改めて皆さんの影響力の大きさを感じた次第です。
　颯爽とした姿の皆さんは、5年生にとって本当に憧れであり、かっこよく見えているようです。
　運動会の練習もあと残り一週間です。
　ソーラン節に限らず、組体操・騎馬戦と5年生と一緒に行う競技はたくさんあります。
　よき先輩として5年生をどのようにリードしていったらよいか、一人一人が考えて運動会を成功させましょう。
　　※今週は行事が続き、運動会の練習時間も増えてきています。相当体力を消耗しているお子様が多いようですので、
　　　ご家庭でもできるだけ休養をとっていただけるとありがたいです。
　　※ソーラン節のはっぴとはちまきを来週の練習から使用します。
　　　月曜日にスーパーの袋などビニール製の袋に入れてお持たせ下さい。

[B5判]

> この一文に，6年生に向けて担任からのやさしいエールが込められていますね。

25

3 学校行事を伝えよう

　　　　学校では，さまざまな行事があります。運動会，展覧会，学芸会，音楽会などの大きな行事は，参観する保護者も多いので，子どもたちはどのようなことをしているかを学級通信でアピールしていきましょう。また，保護者があまり参観しない行事での子どもたちのようすを学級通信で知らせることによって，保護者はさらに学校のようすがよくわかり，安心感を持ってもらえます。

① 春，1年生を迎えて

1年生を迎えたようすを書こう。

　春，新入生を迎えます。学校の雰囲気もがらっと変わります。1年生の保護者だけではなく，2年生から6年生までの保護者にも，1年生を迎えたときの学校のようすを学級通信で伝えたいですね。

　1年生は，「1年生を迎える会」を行ってから，全校の朝礼や集会に参加したり校庭に出て遊んだりするような，ほかの学年とのかかわりが始まります。「1年生を迎える会」に向けて，どの学年も力を入れて練習を行うので，すばらしい活動が見られますが，多くの場合は保護者が参観できるようになっていません。

　そこで，「1年生を迎える会」のように，保護者があまり参観しない行事を紹介することによって，学校の活動のよい面を理解してもらうことができます。また，子どもたちのがんばりを紹介して，保護者に子どものよさを知ってもらい，学校がすばらしい活動をしているという安心感を与えるというメリットもねらえます。

1年生の担任からみた「1年生を迎える会」。

　「ちょちょちょんドンマイ！4月23日号」では，「1年生を迎える会」を担任の視点で紹介しています。子どもたちが練習をしているときから見ている担任の，ハラハラしながら応援している気持ちが伝わってきます。そして，一生懸命にがんばった姿を心から喜んでいるようすも，文章の中から読み取ることができます。このような学級通信を読んだ保護者は，子どもの成長を喜ぶとともに，担任が子どもたちに対して愛情を持って接していることが理解できます。すると，保護者は担任を強く信頼します。

　この担任は，2年生までこの学級を担任しました。子どもどうしのトラブルなどがあっても，担任への信頼が厚いので，いつも保護者はあたたかく見守ってくれました。学級通信の書き方で学級経営まで影響が現れる好例と言えます。

3. 学校行事を伝えよう

第1章 学級通信をつくろう

[B4判・左ページ]

ちょちょちょん ドンマイ！

■■小学校 1の2 学級だより No.2 2007.4.23(月)

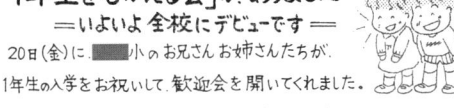

「1年生をむかえる会」がありました
== いよいよ 全校にデビューです ==

20日(金)に、■■小のお兄さんお姉さんたちが、1年生の入学をお祝いして、歓迎会を開いてくれました。始まりは、6年生に手をつないでもらって入場です。胸には、2年生がプレゼントしてくれたチューリップのメダルがかかっています。学校中の人が、拍手をしてくれる中、ちょっとテレながら、体育館のまん中を通って、ひな段にすわりました。爺は、「子どもたち、1時間、ちゃんとすわっていられるかな。」と、ちょっと心配でした。でも、各学年のお兄さんお姉さんたちが、学校生活にかかわる楽しいクイズや、ジャンケンゲームをやってくれたおかげで、子どもたちは、夢中でクイズにチャレンジしていました。…そして最後はいよいよ「1年生からのお礼の出しもの」です。今まで1年生みんなで、いっしょうけんめい練習してきた歌「手と手と手と」です。手や足の振りもつけて、みんなニコニコで歌いました。そして、歌の最後に、ありがとうの思いをこめた「呼びかけ」を元気にやりました。学校中の人が大きな拍手をしてくれました。1年生みんなで気持ちを1つにしてがんばれて、爺は とてもうれしかったです。それから…子どもたちが ひな段に最後までちゃんとすわっていられて、「よかったー！」「みんな えらい！！」と思いました。（爺 パチパチ！）

月曜日(きょう)からは、朝礼にもデビュー。休み時間の校庭遊びもできるようになりました。子どもたち、大よろこびでしたよ。

吹き出し（左ページ）:
担任がハラハラしながら見守っているようすがうかがえますね。
最後に、一生懸命に練習してきた歌のようすを書くことによって、保護者は自分の子どもたちががんばっていたようすを知ることができます。
これも、保護者に安心感を与えることでしょう。

[B4判・右ページ]

じこしょうかい をしています

「わたしの名まえは○○○です。すきなたべものは ○○○です。どうぞよろしく おねがいします。」

* ■■■るいです。すきなたべものは、おかしの「ブラックチョコ」です。
* ■■■はるきです。ぼくは、おかしのグミがすきです。
* ■■■ひなのです。わたしは、リンゴがだいすきです。
* ■■■かずきです。ぼくのすきなたべものは、からあげです。
* ■■■ゆうきです。ぼくは、カップラーメンの「がらしょうゆ」がすきです。
* ■■■そうたです。ぼくのすきなたべものは、ポテトチップです。
* ■■■はつきです。わたしのすきなたべものは、プリンです。（つづく）

《おねがい・れんらく》

🌸 れんらくノートをつかって、おうちの方への連絡を書きはじめました。でもまだ、文字をおぼえ中ですので、できるだけ子どもたちの負担にならないよう、かんたんにしています。（たとえば、て=手紙、も=もってくるもの、よ=明日の予定…などです。）ご家庭ではお手数をかけますが、毎日必ずれんらくノートを見ていただきサインをお願いします。お忙しいでしょうが、子どもたちに連絡帳を家の人に見せる習慣と、わすれものをしないで、持ち物の準備ができるようにする、大切な時期ですのでどうか、よろしくお願いいたします。

家庭訪問にうかがいます

金曜日に配布しました日程で、26日(木)からスタートです。短い時間ですが、お子さんの家での様子、健康面の様子などを話していただけましたら、ありがたいです。（がんばりますが、予定時間どおりにいかないときは、ごめんなさい！）

遠足は5/1(火)です

明日、しおりを配布しますので、じゅんびを、よろしくおねがいします。たくさん歩きます。連休がありますが、体調をととのえておきましょう。

吹き出し（右ページ）:
すすんで手をあげて、おはなししてくれる人がいて、うれしかったです。おはなしのしかたもじょうずでした。

1年生の最初ですので、「おねがい・れんらく」を丁寧に書いています。この時期は、これから学校生活を送っていく上で、さまざまなことを習慣づけるとても大切なときです。保護者の協力を得られるよう、丁寧に説明しましょう。

2年生以上の学級通信でも，1年生を迎えたようすを書こう。

　1年生が入学することによって，学校の雰囲気も大きく変わります。とくに，2年生ははじめて下級生を迎えるので，「おにいさん」「おねえさん」になった気分になります。そこで，1年生を迎えて，子どもたちがどのような気持ちで生活しているかを保護者に伝えるとよいでしょう。

　2年生の学級通信「ケセラセラ4月21日号」では，「1年生を迎える会」で2年生がどのような出し物をしたのか，そして終わった後に子どもたちはどのようなようすだったのかを伝えています。

　このように，1年生だけでなく上の学年でも，1年生を迎えたようすを保護者に知らせることもよいことです。

> おにいさん，おねえさんになった2年生が，一生懸命に1年生を迎えているようすが伝わってきますね。

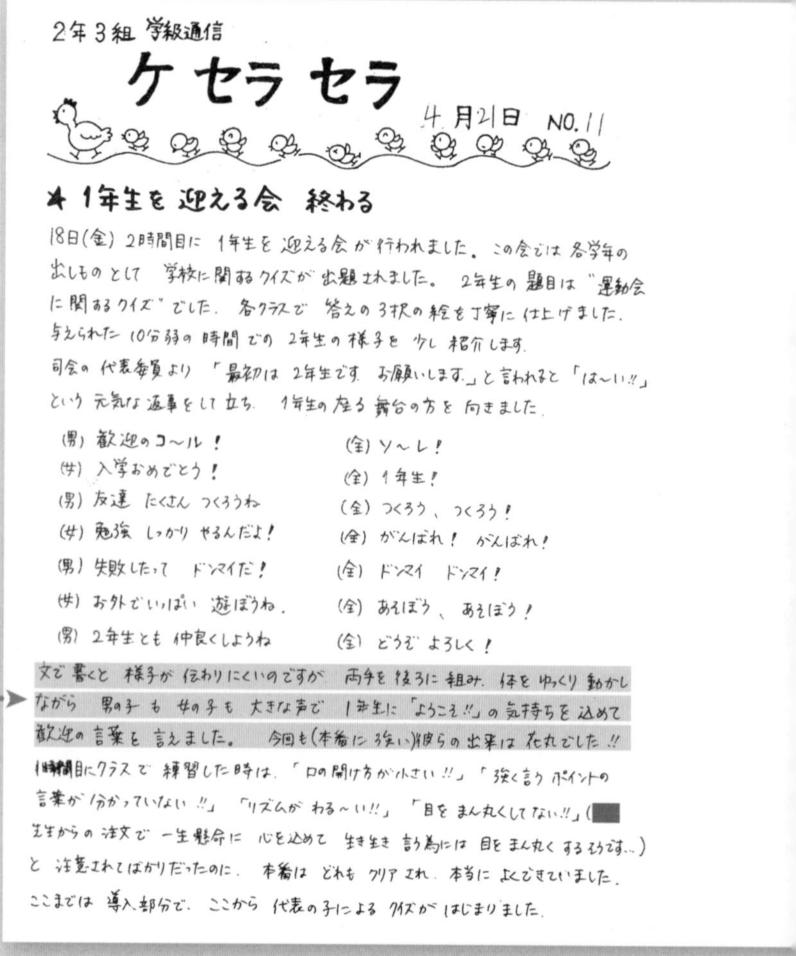

3. 学校行事を伝えよう

書くことに困ったときは，学校行事にまつわることを書こう。

　学級通信で書くことに困ったときなどは，さまざまな学校行事の練習のようす，行事を行っているときのようす，行事が終わって子どもたちに見られた成長のようすなどを書くようにすると，悩むことなく学級通信を発行することができます。

　保護者も，学校のようすがわかると安心しますし，子どもの成長がわかれば担任への信頼にもつながります。

> ☆point
> ● 保護者が参観しない学校行事もぜひ伝えよう。
> 　子どもたちのふだんのがんばりのようすを伝えましょう。
> ● とくに1年生を迎えたときは，子どもたちのようすに注目しよう。
> 　1年生が入学すると，学校の雰囲気も変わります。2年生以上の学年でも，1年生を迎えたときの子どもたちのようすに注目し，成長のようすを保護者に伝えましょう。

クイズを取り入れるなど，「1年生を迎える会」でのようすが，臨場感あふれるタッチで書かれています。
　保護者が参観しない学校内の行事はたくさんあります。このようにしてようすを伝えると，保護者は子どもたちががんばっているようすを知ることができ，家庭での話題づくりにもなりますね。

[B4判]

② 運動会のようすを伝えよう

子どもががんばる姿を伝えよう。

　それでは，ほとんどの保護者が参観する運動会などは，学級通信で伝える必要はないのでしょうか？

　いえいえ，そんなことはありません。運動会に向けて，学級通信には大切な役割があります。

　それは，保護者に運動会への期待を持ってもらうこと，子どもがどんな思いで練習をがんばり，どこを見てもらいたいと思っているのかを伝えること，子どもがどの場所で演技しているのかを事前に知ってもらうことなどです。

　このように，当日の予定，準備するものなど，保護者にきちんと知らせましょう。

　また，子どもに何をがんばりたいかを書かせてから，家庭に持ち帰るように工夫しています。保護者がぜひ運動会を見てみようという気持ちにさせる，よいアイディアですね。

3. 学校行事を伝えよう

子どもたちの出番を明確に伝えよう。

「ぐうちょきぱあⅡ5月29日号」は学年通信ですが，学級通信でも同じ書き方ができます。

運動会では，子どもたちが同じような体操着を着ていますので，保護者は遠目で子どもの演技を見ていると，自分の子どもがどこで演技をしているかわからないことがあります。そして，子どもがどこにいるのかを探しているうちに演技が終わってしまうこともよくあります。

そこで，図を書き，子どもたちに自分がどこで演技をするのかを，赤えんぴつなどで印をつけさせて家に持って帰ると，保護者に喜ばれます。また，徒競走の走る順番を載せておくことで，自分の子どもがいつ走るかがわかるので，これも親切です。

さらに，演技をする場所を，隊形移動も含めて子ども自身が印をつけることで，子どもは自分の動きと場所を再確認することができます。

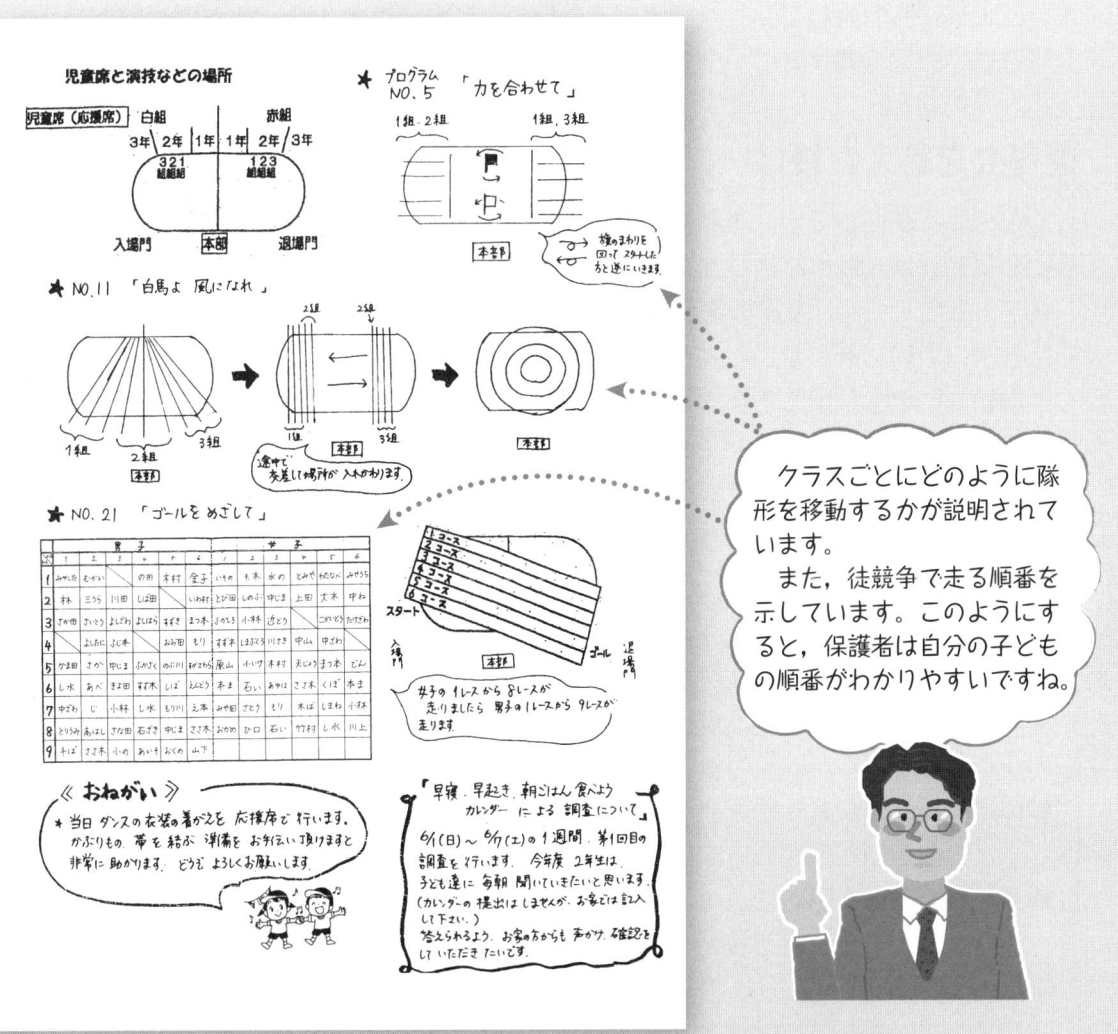

> クラスごとにどのように隊形を移動するかが説明されています。
> また，徒競争で走る順番を示しています。このようにすると，保護者は自分の子どもの順番がわかりやすいですね。

[B4判]

運動会にかける子どもの思いを伝えよう。

　4年生の学級通信「HAPPY 5月27日号」では，運動会のめあてや子どもたちの運動会にかける思いを載せています。そうすることによって，子どもたちだけでなく，保護者も運動会への期待が高まります。
　子どもたちの「運動会のめあて」を学級通信に載せることによって，保護者は自分の子どもだけでなく，ほかの友だちは運動会に対してどのような思いを持っているのかを知ることができます。運動会では，自分の子どもだけでなく学級の友だちも応援しようとする気持ちが強くなることでしょう。

子どもの作品を載せるときは…。

　子どもの作品を載せるときは，多くの保護者も読むことになりますので，字をきれいに書くように指導して，間違った字や文があれば直してから載せるようにしましょう。また，人権にも配慮して，だれが読んでも感心してもらえるように気をつかいましょう。
　子どもの作品の載せ方については，54〜56ページで詳しく説明します。

運動会を終えた後は…。

　がんばって練習してきた運動会。当日は多くの保護者が参観しますが，担任としても子どもたちががんばったようすを伝えたいですね。
　5年生の学級通信「友達の笑顔6月9日号」では，運動会を終えて教室に戻った子どもたちが，手締めをしているようすを伝えています。5年生にもなると，家庭ではあまり話をしない場合が出てきます。また，保護者の参観も低・中学年のときよりは少なくなります。
　そんなとき，このような学級通信を読んだ保護者はきっと安心感を持つことでしょう。そして，最高学年の6年生になったときの運動会は，ぜひ見に行こうという気持ちにさせられます。

☆point

- **●運動会は子どもたちが主役。**
  　子どもたちのがんばりのようすや，子どもの運動会にかける思いを伝えましょう。
- **●保護者に，運動会へ期待する気持ちを高めてもらおう。**
  　子どもたちのどのあたりを見てほしいか，担任の考えを伝えましょう。
- **●子どもの出番を明確に。**
  　保護者は，自分の子どもの出番がとても気になります。出番をわかりやすく表しましょう。

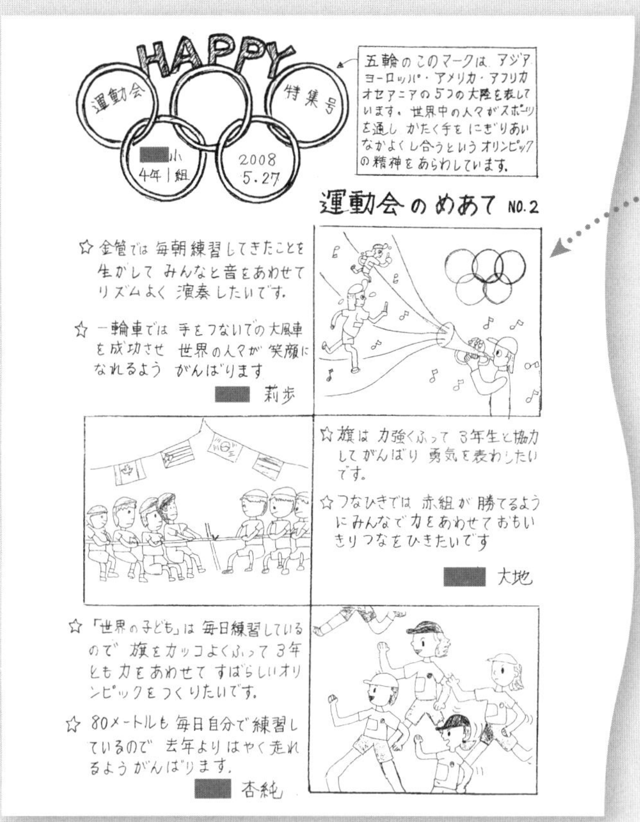

3. 学校行事を伝えよう

この学級通信では、担任が子どもたちのめあてを書いていますが、イラストは、子どもたちが描きました。
この特集号は「その6」まで、運動会前の1週間、毎日発行されました。運動会の準備で忙しいさなか、担任の熱意が伝わってきますね。

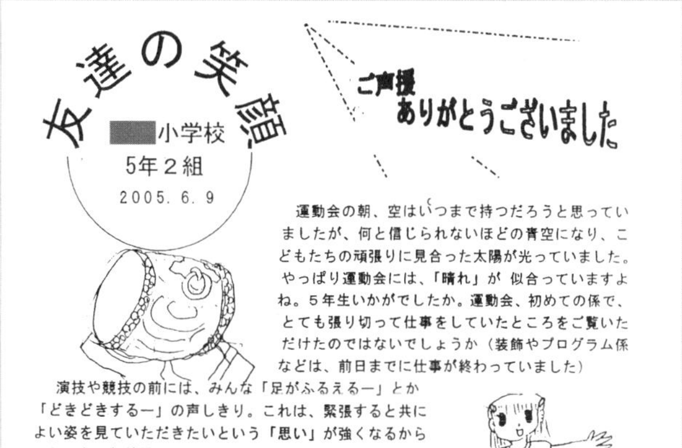

[B4判・左ページ]

運動会を終え、教室で手締めをしているようすが書かれています。子どもたちの満足した表情が目に浮かんできますね。
もちろん、担任として保護者の協力に感謝の気持ちをぜひ伝えましょう。

[B5判]

第1章　学級通信をつくろう

③ 遠足のようすを伝えよう

遠足のようすは，詳しく。

　遠足のときは，保護者は朝早くからお弁当を作っています。子どもたちは，天気予報とにらめっこして，夜なかなか寝付けないほど楽しみにしている行事です。しかし，保護者は苦労してお弁当を準備して，さて遠足がどのようなようすだったのか，子どもが帰ってきてから聞こうと思っても，子どもは疲れてしまっていて，あまり遠足の話をしない場合もあるようです。

　そこで，学級通信で遠足のようすをなるべく詳しく知らせましょう。そうすることによって，親子の会話が弾むきっかけになります。家庭での会話は，子どもの表現力を高め，親子の絆を強くします。学級通信にはこのようなきっかけづくりの役割もあるとしたら，さらに学級通信を書く意欲にもつながりませんか。

遠足が雨で中止になったときは。

　楽しみにしていた遠足も，お天気には勝てません。雨で延期になってしまったとき，子どもたちは，保護者が思っている以上にがっかりしているものです。そんなとき，担任は子どもたちのがっかりした気持ちを少しでもほぐすために，いろいろと努力します。しかし，担任の努力は，保護者には伝わらないときも多くあります。

　「みんなちがってみんないい５月２日号」を見てみましょう。学級通信を活用して，雨天のため遠足に行けなかったときの子どもたちのようすを保護者に伝えています。子どもたちが遠足に行けなかったとき，どんなにがっかりしたのか，そして，担任は子どもたちが楽しい気持ちになるようにどのような努力をしたかがよくわかります。

　子どもを思う担任の気持ちを理解してもらえ，担任を信頼してもらうことにつながる学級通信です。

☆point

● **遠足のようすは，とくに詳しく伝えよう**
　遠足を楽しみにしていた子どもたちは，帰宅すると疲れてしまっています。遠足のときは，とくに詳しく伝えるようにしましょう。

● **遠足が雨で中止になったときのようすも伝えよう**
　中止になったときの子どものがっかりした気持ちは，大人が考えているよりも大きいものです。そのフォローも忘れずに。

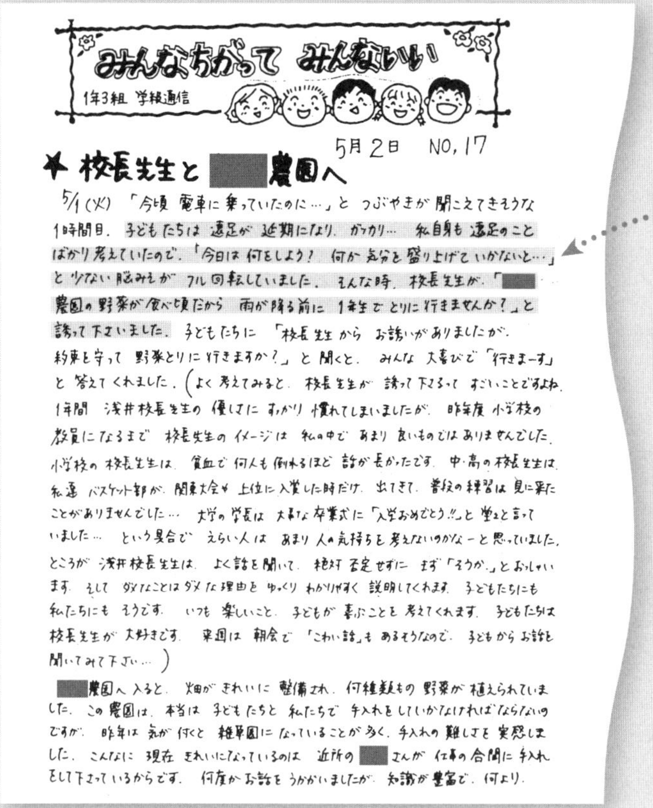

3. 学校行事を伝えよう

第1章 学級通信をつくろう

[B4判・左ページ]

みんなちがって みんないい
1年3組 学級通信
5月2日 NO.17

★ 校長先生と ■農園へ

5/1(火)「今頃 電車に乗っていたのに…」と つぶやきが 聞こえてきそうな 1時間目。子どもたちは 遠足が 延期になり, がっかり。私自身も 遠足のこと ばかり考えていたので,「今日は 何をしよう? 何か気分を 盛り上げて いかないと…」と 少ない 脳みそが フル回転していました。そんな時、校長先生が,「■農園の 野菜が 食べ頃だから 雨が 降る前に 1年生と とりに行きませんか?」と 誘って下さいました。子どもたちに「校長先生から お誘いがありましたが, 約束を守って 野菜とりに 行きますか?」と 聞くと, みんな 大喜びで「行きまーす」と 答えてくれました。(よく 考えてみると, 校長先生が 誘って下さるって すごいことですよね。1年間 浅井校長先生の 優しさに すっかり 慣れてしまいましたが, 昨年度 小学校の 教員になるまで 校長先生の イメージは 私の中で あまり 良いものではありませんでした。小学校の校長先生は, 頑固で 何人も 倒れるほど 話が 長かったです。中高の 校長先生は, 先輩 バスケット部が 関東大会で 上位に 入賞した時だけ 出てきて, 学校の 練習は 見に来た ことがありませんでした…。大学の 学長は, 大事な 卒業式に「入学 おめでとう!」と 堂々と 言って いました… という具合に, えらい人は あまり 人の 気持ちを 考えないのかな～と 思っていました。ところが, 浅井校長先生は, よく話を聞いて, 絶対 否定せずに まず「そうか」とおっしゃいます。そして ダメなことは ダメな理由を ゆっくり わかりやすく 説明してくれます。子どもたちにも 私たちにも そうです。いつも 楽しいこと, 子どもが 喜ぶことを 考えてくれます。子どもたちは 校長先生が 大好きです。来週は 朝会で「こわい話」もあるそうなので, 子どもから お話を 聞いてみて下さい。)

■農園へ 入ると, 畑が きれいに 整備され, 何種類もの 野菜が 植えられていました。この農園は, 本当は 子どもたちと 私たちで 手入れを していかなければならないのですが, 昨年は 気が付くと 雑草園に なっていることが 多く, 手入れの 難しさを 実感しました。こんなに 現在 きれいになっているのは, 近所の ■さんが 仕事の合間に 手入れをして下さっているからです。何度も お話を うかがいましたが, 知識が 豊富で, 何より

> 雨で中止になった遠足のかわりに, 学校農園に行ったようすが書かれています。
> 遠足にも劣らないほど, 子どもたちが満足しているようすがうかがえます。

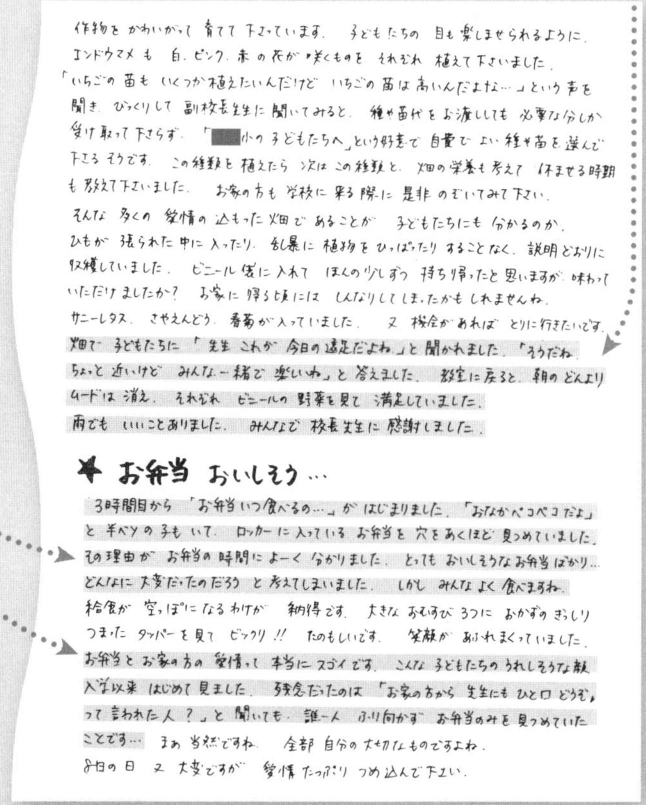

[B4判・右ページ]

作物を かわいがって 育てて 下さっています。子どもたちの 目も 楽しませられるように、エンドウマメも 白、ピンク、赤の花が 咲くものを それぞれ 植えて下さいました。「いちごの苗を いくつか 植えたいんだけど いちごの苗は 高いんだよな…」という声を 聞き, びっくりして 副校長先生に 聞いてみると, 種や苗代を お渡ししても 必要な分しか 受け取って下さらず,「■小の 子どもたちへ」という野菜で 自費でよい 種や苗を 選んで 下さるそうです。この種類を 植えたら 次は この種類と, 畑の栄養を 考えて 休まで 時期も 教えて下さいました。お家の方も 学校に 来る際には, 是非 のぞいてみて 下さい。
そんな 多くの 愛情の 込もった 畑で あることが 子どもたちにも 分かるのか、ひもが 張られた 中に 入ったり, 乱暴に 植物を ひっぱったり することなく, 説明どおりに 収穫していました。ビニール袋に入れて ほんの 少しずつ 持ち帰ったと 思いますが 味わって いただけましたか? お家に 帰る頃には しなりしてしまったかも しれませんね。サニーレタス, さやえんどう, 蕎麦が 入っていました。又 機会が あれば とりに 行きたいです。畑で 子どもたちに「先生 これが 今日の 遠足だよね」と 聞かれました。「そうだね ちょっと 近いけど みんな一緒で 楽しいね」と 答えました。教室に 戻ると, 朝の どんよりムードは 消え, それぞれ ビニールの 野菜を見て 満足していました。雨でも いいことありました。みんなで 校長先生に 感謝しました。

★ お弁当 おいしそう…

3時間目から「お弁当 いつ食べるの…」が はじまりました。「おなかペコペコだよ」と 半ベソの 子もいて, ロッカーに 入っている お弁当を 穴をあくほど 見つめていました。その理由が お弁当の時間に よーく 分かりました。とっても おいしそうな お弁当ばかり…。どんなに 大変だったのだろう と 予想してしまいました。しかし みんな よく 食べますね。給食が 空っぽになる わけが 納得です。大きな おむすび 3つに おかずの ぎっしりつまった タッパーを見て ビックリ!! たのもしいです。笑顔が あふれまくっていました。お弁当と お家の方の 愛情って 本当に スゴイです。こんな 子どもたちの うれしそうな 顔, 入学以来 はじめて 見ました。残念だったのは「お家の方から 先生にも ひと口 どうぞ, って 言われた人?」と 聞いても, 誰ひとり ふり向かず お弁当のみを 見つめていた ことです…。まあ 当然ですね。全部 自分の 大切なものですよね。
28日の日 又 大変ですが 愛情 たっぷり つめ込んで下さい。

> いつもは給食ですが, 遠足のときはお弁当。子どもたちのお弁当を見た担任の素直な気持ちが出ていて, ほほえましいです。
> このような書き方で, 保護者に感謝の気持ちを伝えることもできますね。

35

④ 校外授業のようすを伝えよう

生活科見学

　校外授業として，1年生と2年生には，生活科見学があります。ここでは少し見方を変えて，同じ学年ですが，別々の担任の学級通信を見てみましょう。

　同じ場所に生活科見学へ出かけても，当然担任によって感じ方や子どもの見方が違うものです。「レッツゴー10月2日号」と「ケセラセラ10月2日号」の二人の担任は，子どもに対して深い愛情を持っていますし，保護者も担任を信頼しています。

　学級通信の書き方一つで，同じ行事でも違った印象になるかもしれませんが，自分に合った書き方ができるようになるといいでしょう。

自分の個性を出してみよう。

　「レッツゴー」を書いている担任は，雨の生活科見学での子どもたちのようすを，丁寧に保護者に知らせています。よかったことばかりではなく，ハトといっしょに食事をしてハラハラしたことも書いています。保護者は何でも包み隠さず知らせてくれる担任に安心感を持つことでしょう。子どもたちがバスの中で飽きたり騒いだりしないような工夫に，思わず笑ってしまう保護者も多いことでしょう。国語の学習で学んだことを，子どもたちがしっかりと身に付けているようすが表れている書き方もいいですね。

　一方，「ケセラセラ」の担任は，まったく飾ることなく素直に思ったことを書いています。ずっとこのスタイルで学級通信を書いていますので，保護者は子どもたちの学校でのようすを見なくてもよくわかっています。そして，学級通信をとても楽しみにしています。

子どもたちのことを大切に。

　2人の担任の書き方は違いますが，2人に共通していることは，子どもたちのことをとても大切に考えているということです。そのことによって，保護者は，担任によって違った書き方をしていても，どちらの担任も信頼して協力を惜しみません。

☆point

●**自分の個性を活かした学級通信をつくろう。**

　同じ学年で複数の学級がある場合は，同じ行事を伝えるにも，それぞれ個性が出てきます。ある一定の共通理解は必要ですが，クラスの個性，そして自分の個性を活かした書き方で学級通信をつくってみましょう。

3. 学校行事を伝えよう

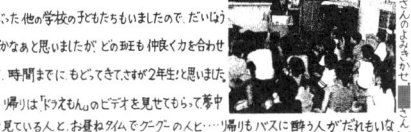

第1章 学級通信をつくろう

子どもたちをとてもほめてあげていますね。担任にとっては、トイレやバス酔いなど、神経を使うことが多い校外授業ですが、そのような心配ごとも素直に表現することによって、保護者の協力が得られます。

⑤ 学年を超えた交流のようすを伝えよう

学校探検のようすを書こう。

　1年生と2年生では，生活科の授業で学校探検を行うことがあります。保護者にはどのような活動だろうと思う方もいますし，あまり意識しない方もいらっしゃいます。

　1年生の学級通信「にっこり5月11日号」では，子どもたちがどのような活動をしているのかを，よい面を中心に書いています。そして，1年生の担任から見て，2年生の子どもたちの頼もしさにも触れています。

　学校探検では，多くの先生が校内のポイントのところにいて，子どもたちのようすを見ながら，2年生には1年生をうまくリードできるように支援し，1年生には学校の楽しさが感じられるような言葉かけをします。この学校探検のようすを学級通信で伝えると，学級，学年，そして学校の雰囲気が保護者にとてもよく伝わります。

学校全体の雰囲気がわかるような書き方で。

　4月に入学した1年生は，春の全校遠足では6年生に手をつないでもらい，出かけています。そして，学校探検では2年生に案内してもらい，学校のことを教えてもらいます。1年生は，遠足や学校探検を通して2年生から6年生までのおにいさん，おねえさんと交流を重ねていき，上級生がやさしく頼りになることを肌で感じます。自分も上の学年になったら下の学年の子どもたちにやさしく接するようにしたいと思うことでしょう。

　学級通信で，このように学年を超えて子どもたちが交流し，先生もあたたかく見守っているようすを書くことによって，学校全体がどのような雰囲気で，子どもたちや先生がどのように協力し合っているかを伝えることができます。また，学校生活を通して社会性を身に付けることができるように，全校の子どもたちに指導していることを保護者にも感じてもらうことができ，さらに学校に対して好感を持ってもらうことにつながります。

☆point

●学年を超えた交流のようすは，積極的に伝えよう。

　学年を超えた交流を伝えることによって，自然と学校全体の雰囲気を伝えることができます。また，子どもたちのやり取りには，ほほえましいことがたくさんあります。そのようすをぜひ保護者に伝えましょう。

3. 学校行事を伝えよう

> 2年生に甘える1年生，1年生をしっかりとリードする2年生，ほほえましいようすが伝わってきます。保護者にとっても，学校全体のようすがわかるのではないでしょうか。

2年生 ありがとう！

1ねん1くみ
■小学校
2007．5．11
NO．6

がっこうたんけんたのしかったよ！

9日（水）に学校探検がありました。まだ玄関から教室までが、学校の行動範囲である1年生が学校中を歩くことができるのですから、みんなワクワクでした。案内役は、2年生。ちょっと前まで1年生だったのですが、先輩になるとさすが、顔つきが違います。最初に体育館で、2年生が描いた絵を見せながら学校中の紹介をしてくれました。15・6人もの説明を、1年生が実に静かに聞いていることからも興味の度合いが分かりました。

さて、出発。私は、4階の図書室にいましたが、2年生は、「どの本読みたい？」と聞いてあげ、一生懸命読んであげていました。1年生の方も、遠足の時の6年生とは年が違うのに、すっかり甘えて、「これ読んでえ」何て言っている子もいました。2年生は、ちゃんと要求に応えてあげているのです。とっても微笑ましかったです。

〔3階のパソコン室では、パソコンが何台あるか数えます。〕
〔2階の2年生の部屋ではそれぞれが飼っているカメを見てきます。生活科室では、折り紙を折ります〕
〔1階の理科室では、人体模型を覗きますし、校長室のソファーに座ってきます。給食室をガラス戸から見てきます。保健室には、静かに入ります〕

どうですか。何だかとっても楽しそうでしょう。

11:55。1年生の教室に戻る時間です。そこにもサプライズが。2年生がちゃんと1年生を席に座らせ、なんと折り紙を折ってあげていました。可愛らしかったですよ。1年生は勿論なんですが、お兄ちゃん・お姉ちゃんの顔をしている2年生がまた可愛いんです。連絡袋に折り紙が入っていませんでしたか。一緒に折ったり、折ってもらった折り紙です。でも、こんなことを言っていた2年生もいました。

「ぼく、一年生にしゅりけんおってもらっちゃったあ」ここがいかにも低学年の上下関係らしさですよね。

久しぶりの低学年に、とっても**あったかさ**をもらえた担任でした。学校探検のお話を、もしも家でしていませんでしたら、遠足の時のように聞いてあげてくださいね。明日、明後日は、お休みですから、ゆっくりと。

[B5判]

> 最後に家庭での声かけを呼びかけています。さりげなく保護者に協力をお願いしている，効果的な一文です。

第1章 学級通信をつくろう

❻ 学校公開について伝えよう

保護者に参観してもらうために。

　子どもたちの学校での活動の一端を紹介する行事として，多くの学校が，展覧会，学芸会，学習発表会，音楽会など，1年ごとにローテーションを組んで行っています。また，授業参観が中心となる学校公開も行っています。学校公開は，ふだんの学校のようすを保護者や地域の皆さんに知ってもらうよい機会です。担任も子どもたちのよい面を見てもらおうと，準備に余念がありません。しかし，せっかく準備しても見に来てくれる方が少なくては，子どもも担任もがっかりしてしまいます。
　そこで，学級通信を活用します。事前に授業の見どころを学級通信で知らせておいて，保護者や地域の皆さんに授業を見てみたいと期待を持ってもらいましょう。

ちょっとしたエピソードを載せよう。

　「ケセラセラ6月11日号」では，学校公開日に合わせて掲示する掲示物について，担任と子どもたちとのエピソードを書いています。これを読んだ保護者は，「そんなエピソードがあったのか。それでは，学校公開に参観して，掲示物を見てみようかな」という気持ちになります。
　私も気になっていたので，学校公開のときにこの学級を見に行きました。すると教室はあふれるばかりの保護者が参観していて，廊下でも掲示物を見ている保護者がたくさんいました。廊下の保護者にあいさつすると，保護者は「学級通信がとてもおもしろくて，いつも必ず読んでいます。今回の学級通信も楽しく読んでいたら，つい掲示物が見たくなって，仕事はお休みをもらって学校公開に来てしまいました」とおっしゃってくださいました。
　学級通信の宣伝がうまくいった例です。

☆**point**

●**授業や掲示物の見どころを伝えよう**
　おおぜいの保護者に来てもらうために，ちょっとした見どころ，エピソードを載せてみましょう。苦労話でもOKです。

3. 学校行事を伝えよう

> この学校では，学期ごとに1～2日，保護者や地域の方々が校内を自由に見学できるようにしています。この学級通信では，学校公開に対する担任の素直な気持ちが表現されています。

第1章 学級通信をつくろう

2年3組 学級通信
ケセラセラ
6月11日 NO.43

土曜日は 学校公開です。1日ずつ 近付いてきました。決して 口に出して言いませんが，「学校公開って 何であるのだろう？ 誰が いつから 考えたのだろう？ 辛い…」という 気持ちです。現在の 学校を よく知らずに 教員になった 私がいけないのですが，1年目に 授業参観ではなく，1日中 お家の方が 観に来て下さる と 知り，驚きました。1時間なら 私も 子ども達も 頑張って いい所 を 見せられますが，1日となると キツイです。元々 いい所ばかりを お見せするのではなく，実態 そのものを 見て頂く為のもの だとは 思っていますが，やはり 緊張しますし，よそ行きの 声や 仕草になります。子ども達も 同じように 静かになってくれると，うれしいのですが，逆に テンションが上がり，ハラハラしてしまうのは 何故なのでしょう？! 教室掲示にも 今頃 力を入れはじめ，子ども達は 文句も言わず 取り組み，作品が 出来上がりました。そのような 力作を 朝早くから 掲示しました。はり終わり，下に降りて 離れて 見ると，曲がっています…「いいよ，いいよ，気にする タイプじゃ ないでしょう!!」という 本心と，「心が 曲がっていると 思われちゃうんじゃない？直せば?!」という 良い心が 戦います。そんな こんなで 子ども達が 登校する 時間には，すっかり 疲れ切っている 情けない 状況です…「おはよう!! みんな 来たから 先生 帰るね!! もう いっぱい 働いたから 今日は おしま～い！ さようなら」と 言うと，笑っている子や「お疲れ様～!!」と 手を振っている子や「帰っちゃ ダメ～!!」と とめてくれる子，様々です。でも みんな うれしそうに 自分達の作品を じっくり 見ていました。もっと早く 教室環境を 整えて おかなければ ならなかったのに，悪かったと 思いました。みんなの 頑張りで 素敵な 掲示が 出来，教室が 明るくなりました。御来校の際に 見て下さい。（結局 本心が 勝ち，ちょっと 曲がった 掲示ですが，あたたかい心で 御覧下さい。）

[B5判]

> ユーモアのある学級通信は読みやすく，楽しいですね。この学級通信を読んだ保護者は，ぜひ学校公開に参観して，自分の子どもの掲示物がまっすぐに貼られているか，注目することでしょう。

⑦ 展覧会に見に来てもらおう

作品が完成するまでのエピソードや見どころを載せよう。

　展覧会など，子どもたちがつくった作品を展示する行事について，学級通信でどのように伝えるとよいでしょうか。
　展覧会では，保護者や地域の皆さんは完成した作品を見に来ることになります。ですので，学級通信では，完成するまでの子どもたちの努力や，完成までの子どもたちのようすで保護者に紹介したいエピソードなどを載せましょう。また，絵画や立体作品，エプロンやクッションなどの家庭科の作品，習字や書き方の作品など多くの作品があるので，作品の見どころを学級通信に載せることにより，保護者は熱心に鑑賞してくれます。

保護者が見に来ることができない子どもたちのために。

　ところで，全員の保護者に見に来てもらうのは，とても難しいことです。したがって，保護者が出席できない子どもは，寂しい思いをする場合が出てきます。
　そこで，保護者の来ていない子どもには，展覧会の会場で自分の作品を担任や学年の教員，仲のよい保護者に紹介させるとよいでしょう。保護者には，自分の子どもだけではなく，ほかの友だちが一生懸命自分の作品のがんばったところを話すのを聞き，自分の子どもと同じようにほめてもらえるよう，学級通信で事前に伝えておくことが大切です。

終わった後の担任の裏話も書いてみよう。

　「ケセラセラ11月18日号」では，訪れた保護者に子どもが作品を紹介したようすが書かれています。とくに，出席できなかった保護者に対して，学校で展覧会がどのように開催されたのかを伝えることは，とても大切です。保護者は，きっと自分の子どものことが気になっているでしょうから。
　そして，展覧会が終わった放課後，担任として鑑賞したときのできごとを書いています。子どもたちが主役の展覧会ですが，担任としてどのように取り組んだか，同じ学年の担任とどのように協力してつくり上げていったのか，とても素直に書かれています。

☆point
- ●展覧会などは，とくに作品の見どころを伝えよう。
　作品の見どころを紹介して，子どもたちががんばったようすを伝えましょう。
- ●担任のちょっとした裏話で，親近感を！
　担任としてどのような思いで展覧会にかかわったか，ちょっとした裏話を入れると，ぐっと親近感が高まります。

3. 学校行事を伝えよう

> 子どもたちがそれぞれの思いで保護者に自分の作品を紹介している光景が，目に浮かんできます。

2年3組 学級通信 ケセラセラ
11月18日 NO.126

展覧会．学校公開　ありがとうございました．

お忙しい中．子ども達が 頑張って 完成させた 作品を みに来て頂き．ありがとうございました．　いかがだったでしょうか？

様子を見ておりましたが．子ども達はみな．自分の作品を うれしそうに お家の方へ 紹介していましたね．そして お家の方も あたたかい言葉をかけながら みて下さっていました．この日を迎えるまで 子ども達は それぞれ．悩んだり．ひらめいたり．笑ったり．涙を流したり．無言で集中したり…しながら 取り組んできました．2年生だけではなく 全校児童の このような 様々な思いがつまった展覧会だったように感じました．放課後　私達担任も 落ち着いて 鑑賞をしようと 話しておりましたが．私は．教務のとりまとめ作業があり．集計に集中する為 自分の世界へ入り込みました．それでも 時折．■先生と■先生の声が耳に入ってきました．「■さ〜ん．ライトをつけてみたから ちょっと 来てみない⁈」と遠慮がちに 誘って下さっています．「すみません．ちょっと今 お金を数えているので すぐ行きます．」と返事をしました．しばらくして 又2人が呼びに来て下さり．今度は ■先生に「私が お金 数えておくから 行ってきなさい‼」と押し出され．■先生に 引っ張られ．まっ暗な 体育館に入ると．2年生のお城が 美しく ライトアップされていました．しばらく 何とも言えない 感動が押し寄せ．涙が出てきてしまいました．■先生と■先生は．既に ひと泣きしました そうです…更に「子ども達 みんな 頑張ったのね…」という■先生のつぶやきに 一層 涙があふれてきました．思い返してみれば．ずいぶん 怒ったり．「早くしなさい」と せかしたり．「全然よくない‼」「汚い‼」と ひどいことを言ったり してきました．みんな 頑張っていたのに もっと他に かけられる 言葉は 無かったのか…と いつもながらに 反省しました．もう一度 お城を見ると．今度は この一つ一つ しっかり 光を放っている 子ども達と 頑張らなければ‼ という 気持ちになりました．子ども達の作品から 元気をもらう なんて 初めての 経験でした．幸せです．

[B5判]

> 2年生の城は紙粘土でつくられ，中に発光ダイオードが入っていました。暗幕を閉めてライトアップされた城は，子どもたちとともに作品をつくってきた担任にとって，ひときわ美しく輝いて見えたことでしょう。感動が伝わる学級通信です。

第1章　学級通信をつくろう

8 学習発表会について伝えよう

事前のリハーサルのようすを伝えよう。

　学習発表会は，ふだんの学習の成果を保護者や地域の皆さんに紹介する行事です。おそらくどの学校でも，ふだんの学校公開日以上に準備を行い，入念にリハーサルを行って，本番当日を迎えることでしょう。

　子どもたちがいかにがんばっているか，準備やリハーサルのようすを臨場感あふれるタッチで書くと，保護者も楽しみに本番当日を迎えることができるはずです。

準備のようすを実況ふうに伝え，保護者の気持ちも盛り上げよう。

　「みんなちがってみんないい11月2日・4日・6日号」では，学習発表会で，1年生が国語の教科書に出ている「のはらむらのなかまたち」を劇にして，楽しい発表を行おうとしているようすが書かれています。

> 　1年生がはじめてお客さん（3年生）を前にして，緊張しているようすがうかがえます。そして，さりげなく上級学年のスゴさを強調しています。
> 　保護者は，自分の子どもの学年だけではなく，ほかの学年も見てみようという気分にさせられますね。

[B5判]

3. 学校行事を伝えよう

　まず「11月2日号」では、リハーサルのようすが書かれ、はじめて学習発表会を経験する1年生の緊張しているようすを伝えています。とくに、3年生のミュージカルを見て、何よりも担任の驚いているようすが読んでいて楽しいです。
　上級学年とくらべると、どうしても心配になってしまう1年生担任としての責任感が表れているのではないでしょうか。きっと保護者はこの学級通信を読むと、学習発表会当日には参加して1年生を応援してあげようという気持ちになることでしょう。
　さらに「11月4日号」で、全学年の子どもたちが鑑賞する第1日目のようすを紹介しています。保護者は明日の保護者鑑賞日にはぜひ見に行こうと思うことでしょう。
　そして、保護者に見てもらったあと、担任が子どもたちの発表をどのように感じたのか、さらには練習してきた苦労を、「11月6日号」で楽しく伝えています。

> 　1年生が長時間集中力を切らさずに見ていたようすに、担任が感動しています。入学して半年、1年生の成長ぶりがうかがえますね。
> 　また、この日の1年生の劇のようすを、さわりの部分だけ伝えています。どのような劇が始まるのか、保護者に期待を持たせる書き方です。

[B5判]

みんなちがって みんないい
1年3組 学級通信

11月6日 NO,115

★「のはらむらのなかまたち」いかがでしたか？

4日(日)は お忙しい中 学習発表会を見に来て下さって、ありがとうございました。1年生の発表は いかがだったでしょうか？ きっとお家に帰ってから お子さんと 沢山 話されたことかと思います。間違いなく これまでで 最高の 出来でした。見ていて、生き生きとした表情があふれていて 感心するというよりも 驚きました。金曜日までは「棒読みだよ!! もっと感情を込めて!! 笑顔で!!」という 状況でした。

■生は、「帰りに 残して 練習をさせたい!!」というくらいの 勢いだったのです。その為 日曜日も 登校するとすぐから 出番 直前まで、最後の特訓が行われました。担任側が 疲れてしまい、「あとは 子どもたちに任せよう…」という状況で迎えた 本番2日目でした。その為、目の前で ノリノリで 演技をする子ども達の姿に 目を丸くしてしまいました。お家の方が 見ていて下さる ということが 彼らにとって 何よりのパワーになるのですね。終了後に書いた作文を読んでみると、「パパ、ここ、見つけたよ。もっと前にくればよかったのに…」「たくさん 写真をとってくれありがとう。」「笑って 見ていてくれて うれしかったよ…」…等々、お家の方がどこで見ていてくれたのか 分かっていたことに 更に驚きました。あんなに 沢山のお客さんがいる中で、演技をしながら 見つけるなんて、すごい余裕ですね。

最後まで 全力を出し、重要ポイントを 押さえながら 演じた 子ども達に大きな拍手を 送りました。とても 誇らしく感じました。「教室に戻ったら たっぷりほめてあげよう。」と にっこり扉を 開けました。すると かぶりものが 宙をとんでいたり、ビニール袋の衣しょうが、こいのぼりのように たなびいていたり…遊び天国のような風景が 目の前に 広がっていました。あれだけ 火曜日に 衣しょうをつけて 写真を撮ると言ったのに… 私の顔から みるみる 笑顔は 消えてしまいました。

本日 大成功を 収められたのは 子ども達の頑張りと、保護者の方のあたたかい 応援のおかげです 本当にありがとうございました。

[B5判]

> しっかりと演技をすることができた1年生を，とてもほめています。最後は，終わってちょっと安心してしまったようすも書かれているところに，担任のユーモアのセンスが表れていますね。

3. 学校行事を伝えよう

子どもたちの努力のようすを伝えよう。

　同じ学年の担任が書いた「にっこり11月6日号」でも，劇をつくり上げるたいへんさを保護者に伝え，子どもたちの努力のようすを知ってもらえるようにしています。そして，練習のようすを家庭でも話題にしてもらい，子どもと保護者の間で話ができるように気をつかっています。さらに保護者のおかげで子どもたちががんばることができたことを伝え，感謝の気持ちを表しています。

> ☆point
> ●本番はもちろん，準備，リハーサル，終わった後のようすも伝えよう。
> 　本番に向けてのようすを伝えることによって，子どもたちだけではなく，保護者の気持ちも盛り上がってくるはずです。
> ●保護者への感謝の気持ちも表わそう。
> 　保護者も発表会に向けて協力し，当日駆けつけていただいています。そうした感謝の気持ちも伝えましょう。

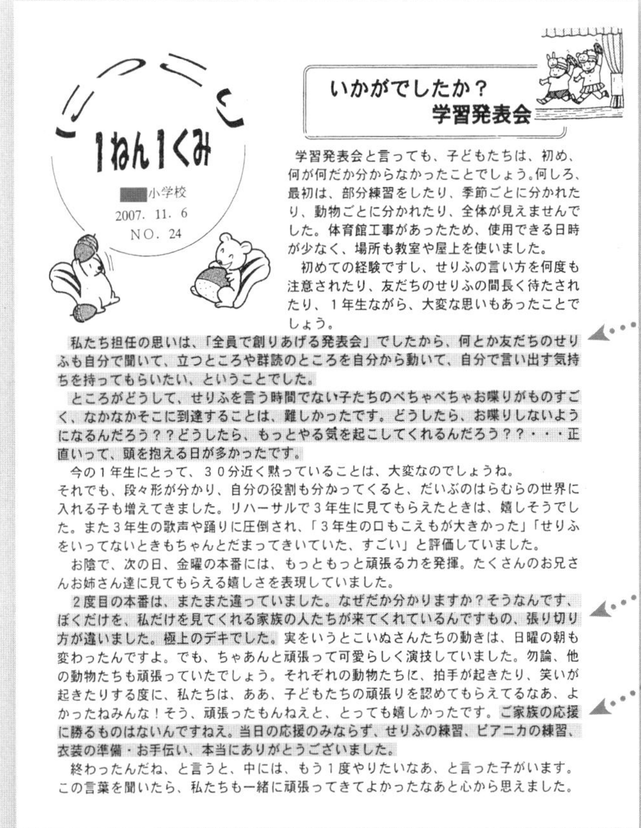

第1章　学級通信をつくろう

いかがでしたか？
学習発表会

にっこり
1ねん1くみ
■小学校
2007. 11. 6
NO. 24

　学習発表会と言っても，子どもたちは，初め，何が何だか分からなかったことでしょう。何しろ，最初は，部分練習をしたり，季節ごとに分かれたり，動物ごとに分かれたり，全体が見えませんでした。体育館工事があったため，使用できる日時が少なく，場所も教室や屋上を使いました。
　初めての経験ですし，せりふの言い方を何度も注意されたり，友だちのせりふの間長く待たされたり，1年生ながら，大変な思いもあったことでしょう。
　私たち担任の思いは，「全員で創りあげる発表会」でしたから，何とか友だちのせりふも自分で聞いて，立つところや群読のところを自分から動いて，自分で言い出す気持ちを持ってもらいたい，ということでした。
　ところがどうして，せりふを言う時間でない子たちのぺちゃくちゃお喋りがものすごく，なかなかそこに到達することは，難しかったです。どうしたら，お喋りしないようになるんだろう？？どうしたら，もっとやる気を起こしてくれるんだろう？？・・・正直いって，頭を抱える日が多かったです。
　今の1年生にとって，30分近く黙っていることは，大変なのでしょうね。
　それでも，段々形が分かり，自分の役割も分かってくると，だいぶのはらむらの世界に入れる子も増えてきました。リハーサルで3年生に見てもらえたときは，嬉しそうでした。また3年生の歌声や踊りに圧倒され，「3年生の口もこえが大きかった」「せりふをいってないときもちゃんとだまってきていた，すごい」と評価していました。
　お陰で，この日，金曜の本番には，もっともっと頑張る力を発揮，たくさんのお兄さんお姉さん達に見てもらえる嬉しさを表現していました。
　2度目の本番は，またまた違っていました。なぜだか分かりますか？そうなんです，ぼくだけを，私だけを見てくれる家族の人たちが来てくれているんですもの，張り切り方が違いました。極上のデキでした。実をいうとこいぬさんたちの動きは，日曜の朝も変わったんですよ。でも，ちゃあんと頑張って可愛らしく演技していました。勿論，他の動物たちも頑張っていたでしょう。それぞれの動物たちに，拍手が起きたり，笑いが起きたりする度に，私たちは，ああ，子どもたちの頑張りを認めてもらえてるなあ，よかったねみんな！，頑張ったもんねえ，と，とっても嬉しかったです。ご家族の応援に勝るものはないんですねえ。当日の応援のみならず，せりふの練習，ピアニカの練習，衣装の準備・お手伝い，本当にありがとうございました。
　終わったんだね，と言うと，中には，もう1度やりたいなあ，と言った子がいます。この言葉を聞いたら，私たちも一緒に頑張ってきてよかったなあと心から思えました。

> 学習発表会についての，担任の思いを伝えています。発表会をまとめる担任の苦労がにじみ出ている学級通信です。
> しかし，最後は子どもたちのよい面をほめ，保護者への感謝のことばで締めています。

[B5判]

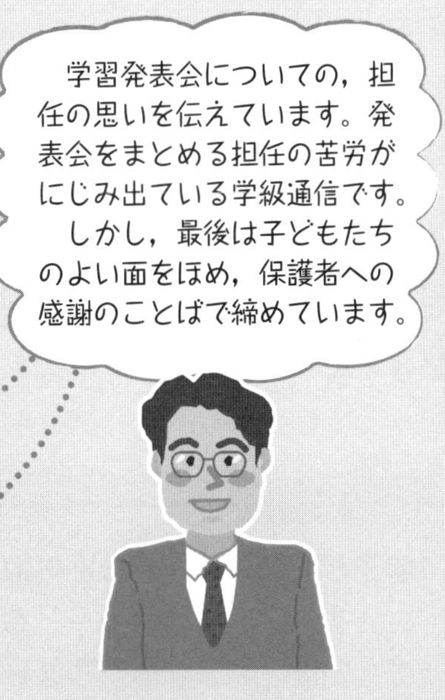

4 日常の学校生活のようすを伝えよう

学校では,遠足などの行事は年に数回で,日常生活のほとんどが授業を中心とした学校生活です。ここでは,日常の学校生活のようすを伝えるポイントについて考えてみましょう。

① 子どもの発言のようすを取り上げよう

子どもの発言を載せるときのポイント

学校生活や授業のようすは,学校公開のときに保護者も見ることができますが,これは年に数回です。学校公開のときは,担任も子どももよそ行きの授業をしているのではないかと考える保護者もいます。

そこで,学級通信の出番です。学校生活や授業のようすがわかるように,子どもたちの発言を多く載せるとよいでしょう。

しかし,ここで注意が必要です。学級の中には,積極的に発言する子どももいれば,わかっていても消極的な性格で発言しない子どもや,理解するのに時間がかかる子どももいます。積極的な子どもばかりが学級通信に登場したら,保護者は「どうして自分の子どもは,学級通信に書いてくれないんだろう」と感じ,担任の不信にもつながります。

公平にすべての子どもを取り上げよう。

「レッツゴー9月16日号」では,生活科で町たんけんを行ったときに子どもたちが書いた"ひとことかんそう"を載せています。この号に載せることができなかった"ひとことかんそう"は,次号以降で取り上げています。

このように,必ず公平にすべての子どもを学級通信に取り上げ,よい面を書いてあげることが重要です。それは,担任にとって学級のすべての子どものよい面を見る訓練にもなります。子どもは担任がよいところを評価してくれることで安心感を持ち,そして,保護者は自分の子どもが登場することによって担任を信頼することができます。

☆point
- ●子どもの発言は,公平に取り上げよう。

必ず公平にすべての子どもの発言を取り上げましょう。担任にとっては,子どものよい面を見る訓練にもなります。

4. 日常の学校生活のようすを伝えよう

第1章 学級通信をつくろう

レッツゴー

■■小学校
2の2通信
No. 23
2008.9.16(月)

《え．■■ かずき》

ぼくじょうでのこと

町たんけん
子どもたちのひとことかんそう

お母さん方，どうもありがとうございました！

* ぼくは，ヒマラヤスギの 木が，こんなに高いとは思わなくて，見て，びっくりしました。
《■■ かずき》

* わたしは，■■じどうかんで，みんなで あそんだことが，いちばん 心にのこりました。
《■ ことね》

* せせらぎ通りで，はんのみんなと「しまおしくら」をやったことだよ。(せせらぎの，すわるところに かいてあった あそび．)たのしかったよ。ぼくがぜんいんを，おし出したよ。
《■ かいや》

* わたしは お友だちや おかあさんと，ペットショップに行って，いろんな しゅるいの犬を 見られて，うれしかったです。《■■ ゆうき》

* ぼくは，■■じんじゃに行って，力石が 9こもあるのを見て，びっくりしました。
《■■ そうた》

* ぼくは ■■こうばんでお話を聞いたら，おまわりさんは，どろぼうをつかまえるだけじゃなくて，こうつうじこのときも，おしごとをすることがわかりました．《■■ ひろと》

* わたしは，おべんとうやさんで おいしそうなおべんとうがいっぱいあるのを見て，たのしかったです。おしごとのようすを話してもらってうれしかったです。《■■ は月》

* ぼくは，■■じどうかんに行って，こんなに，いろんな おへやがあるなんて，びっくりしました。《■■ かずき》

* ■くんちの カキの木に，けっこうたくさん みができていて，びっくりしました。あと，交番で，おまわりさんが いっしょうけんめいおはなしをしてくれて，とても 心にのこりました。《■■ ひなの》

[B4判・左ページ]

2年生ですので，子どもたちの感想を担任が書き写す形で掲載しています。低学年では，このように担任が子どもたちの発言や感想を書いて載せてもよいでしょう。
また，別の号では町たんけんに協力した保護者の感想を載せていました。保護者も含めた学級全体で授業をつくり上げていることがわかりますね。

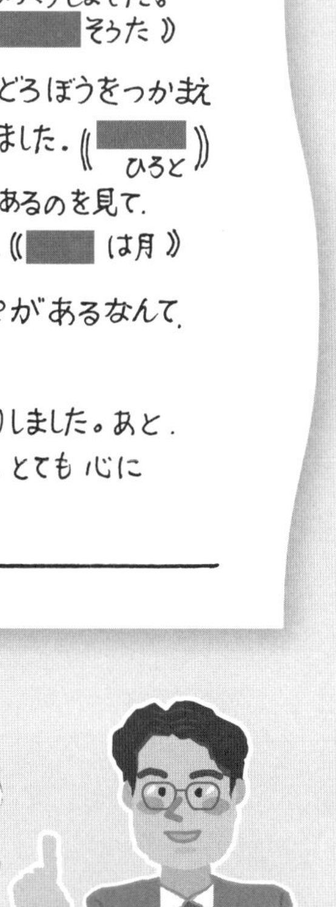

② 実際の授業のようすを伝えよう

そのときに力を入れている学習のようすを伝えよう。

「担任の先生は，ふだんどんな授業をしているのか？」
「自分の子どもは授業が理解できているのか？」
「手を挙げているか？」
「きちんと発言できているのだろうか？」
　保護者にとって，実際の授業について気になることはたくさんあります。
　「風切る翼11月26日号」では，理科の授業のようすが生き生きと書かれています。6年生の「水溶液の性質」の単元で，子どもたちに興味・関心を持ってもらうために，担任は課題を私からの挑戦状に置き換えて，授業を進めました。いつも違ったスタイルの授業に子どもたちが楽しんでいることや関心を持ってくれているようすを，巧みな表現で書いています。

家庭で子どもが授業のことを話す雰囲気づくりをしよう。

　「風切る翼11月26日号」が発行された後，この学級の保護者に会いました。すると，「校長先生との授業がすごく楽しかったと，子どもが話してくれました」と，何人もの保護者が言ってくれました。具体的に授業のようすが伝えられると，保護者は子どもとの会話がはずみやすくなります。
　この担任は国語を専門的に研究し，国語の指導で子どもたちの学力を高めていましたが，理科についても積極的に研究し，子どもたちは科学的な思考力を身につけることができました。そして，学級通信で授業のようすを保護者に伝えることによって，保護者と子どもとの間に会話も生まれ，保護者は私にも授業の話題をうれしそうに伝えてくれました。一方，私は担任のよい面を保護者に伝える機会を持つことができ，さらに学校の信頼にもつながりました。
　学校では，さまざまな研究授業を行ったり，研究指定校として授業研究を行ったりすることがあるでしょう。機会を見つけて，力を入れている授業や学習のようすを学級通信で伝えると，学力を高めるための取り組みとして保護者に印象づけることができます。

☆point

●子どもたちが楽しく授業に取り組んでいるようすを，生き生きと伝えよう。
　保護者は，自分の子どもがどのように授業を受けているのか，とても気になっています。子どもが真剣に取り組んでいるようすを伝えることによって，保護者の安心感，担任への信頼感が高まります。

4. 日常の学校生活のようすを伝えよう

■小学校 風切る翼　六年三組 学級通信

11月26日　第25号

水溶液の性質　その1. 校長先生編

少々前の話になってしまうのですが…。理科の「水溶液の性質」の学習で、校長先生から 挑戦状「6種類の透明な水溶液の名前を当てよう」が届き、理科の授業を行いました。

子どもたちは やる気満々。「水？石灰水？塩酸？アンモニア？」思いつく限りの水溶液を出し合い、どの様な実験をすれば 答えが出るのか、樹系図（フローチャートのようなもの）にまとめました。

リトマス紙を使ったり、蒸発させたり、金属を入れてみたり…。2種類以上の実験（たとえば 塩酸→酸性で、金属が溶けて、蒸発させると何も残らない）から、推論して、色々な角度から実験を行って、答えを導き出します。何のヒントもない状態で 無色透明の水溶液を当てる。なかなか難しい事なのに、子どもたちは頭を フル回転し、実験を手早く行って、なんと全8グループが 見事に正解しました！6年3組 すごい‼

校長先生が教室に来てくださっての 答え合わせでは、大歓声が上がりました。さらに、見事正解したプレゼントに、何と 校長先生が、おもしろ理科授業をしてくださることに……。

それは…ガスバーナーを使った べっこうアメ作り‼ お砂糖をガスバーナーの高温で熱して、きつね色になったら完成！ガスバーナーの ガスの調整と空気の調整のしかたも教えてもらいました。はじめのうちは おっかなびっくりで、手つきも慎重にガスバーナーを使っていたのですが、あっという間に使い方も覚え、あっちこっちから「校長先生〜。これ位でいいですか〜？」「校長先生、見て下さ〜い！」と 校長先生への ラブコール（？？？）が……。子どもたちは 校長先生が 大好きなんだなあ、としみじみ実感してしまいました。こんなに子どもたちの事を考えて、しかも おもしろい うえに おいしい 授業をしてくださる 校長先生には きっと 二度と 出会えないでしょう。しかも、さらに 校長先生からのプレゼント 第2弾も あったのです……。

（以下、その2へ）

[B4判・左ページ]

> さながら、授業の実況中継をしているような学級通信です。この通信を読むことによって、ふだんの授業がどのように行われているかがわかり、保護者の安心感は高まりますね。学期に数回でよいですから、学級通信にぜひ取り上げたい内容です。
>
> ちなみに、「プレゼント第2弾」について、とても気になりませんか？　次の号へと期待を持たせる書き方です。

第1章　学級通信をつくろう

③ 授業の進め方を具体的に伝えよう

授業の進め方を保護者に伝えよう。

　今，学校で何を習っているのか，保護者にとってはとても気になります。そこで，学習のようすを具体的に知らせることも効果的です。

　「レッツゴー10月6日号」は，2年生の「かけ算」の学習のようすを知らせています。「かけ算」を勉強する前に子どもたちは「かけ算」をどのように考えていたのか，そして担任は，どのように授業を進めたのか，「かけ算」を教えるときのポイントはどこなのかなど，わかりやすく書いています。もし家庭で子どもから「かけ算」の質問が出ても，学級通信を読んでいれば学校と同じ答え方ができるようになっています。

　保護者によっては，「子どもに勉強のことを聞かれるけど，自分が習ったころと教え方が違うから教えられない」という場合があります。そのような保護者のためにも，「今，こんな勉強を，こんなふうに教えています」と伝えることはとても大切なことですし，親子の会話を増やすきっかけとなります。

授業の進め方を保護者に伝えるポイント

　ここで，学級通信で授業の進め方を家庭に伝えるための3つのポイントをまとめてみましょう。

① 学習を行う前に，子どもたちがどのような知識や考えを持っていたのか。
② その知識や考えをもとに，担任はどのように授業を進めたか。
③ 家庭で教えるときのポイントは何か。

　この3つのポイントを，順を追って学級通信の紙面に表していくと，保護者は子どもたちが最初に思っていたこと，そして担任がそのことをふまえ，どのように授業を展開していったのかがわかります。

☆point

●教え方を，保護者にわかりやすく伝えよう。
　家庭学習では，保護者の協力が必要になります。今，授業でどのように指導しているのか，保護者にわかりやすく伝える工夫をしましょう。

4. 日常の学校生活のようすを伝えよう

レッツゴー
■■小学校
2の2 通信
2008.10.6(月)

かけ算の学習をがんばり中です

算数では今、「新しい計算＝かけ算」の学習を「なかよし算数」（5クラスに分けた少人数授業）で進めています。子どもたちは、なんだかとても気合いが入っています。（そういえば、2学期のめあてを決めたとき、「かけざん九九をがんばる」と書いた人もいましたね。）

ただ、かけ算＝かけ算九九（かけ算とは九九をはやく言えること）と考えている人が多くいました。（計算の意味は、あまりよくわからないようでした。）

授業では、かけ算とは、どういう計算なのかを、具体物（クラッカーやミカンなど）や絵を使いながら考えました。そして、かけざんとは「同じ数ずつに目をつけて、それがいくつ分あるかで ぜんぶの数を出す計算」なんだと、たしかめあいました。ことばの式では

| 1あたりの数 × いくつ分 ＝ ぜんぶの数 | に、なります。
（いくつずつの数）　（入れものの数）

かけ算ではこの式に数字をあてはめて全部の数を出すことがわかりました。

＊ですから、左のアメのぜんぶの数を出す、かけ算の式は、$4 \times 3 = 12$では、まちがいで、$3 \times 4 = 12$ が 大正解！
ここにもとめたいもののたんいがくると正しくできるね。
（式に単位をつけることも大切にしています。）

そしてまた、「全部の数を出す計算」なのだから、たし算でもできるはず、ということで 5×9 のかけ算をたし算でやってみました。そしたら $5+5+5+5+\cdots$で、とってもタイヘン！だけど、「かけ算九九」を歌うようにしっかり覚えておくと、一瞬にして「全部の数」が、わかるから、とても便利、…「なるほど！」と、みんなで納得しあいました。そして、みんなで「九九を思いついた人はえらい！！」「早くおぼえたーい！」と、なりました。

[B4判・左ページ]

> まず、かけ算とはどういう計算なのか、丁寧に説明しています。ただ、九九を覚えるだけではなく、計算の意味を確かめながら授業を行っていることがよくわかります。
> 家庭学習は、学力を高めていく上で大切です。九九のようにポイントとなる学習は、このように指導のようすを保護者に伝えるとよいでしょう。

④ 子どもの作品を載せよう

子どもの観察カードを載せよう。

　この学校では、校庭にある200種類の樹木から50種類を選んで番号をつけ、ウォークラリーのように回りながら木々を探す「グリーンアドベンチャー」という活動を行っています。
　「レッツゴー10月17日号」は、そのグリーンアドベンチャーの活動で、生活科の秋

> 「グリーンアドベンチャー」がどのような活動か、さりげなく説明しています。
> また、授業のようすがとてもわかりやすく伝えられています。
> 子どもたちが楽しく活動しているようすもうかがえますね。

4. 日常の学校生活のようすを伝えよう

探しをしたときのようすを書いた学級通信です。子どもたちが描いた観察カードに，担任がコメントをつけて載せています。コメントを詳しく見ると，担任が子どものよい面を引き出しているようすがうかがえます。このように，学級通信では，とくに子どもたちのよい面をほめるようにしたいですね。

この後，何号かに分けて，全員ぶんの観察カードを載せています。担任が丁寧に描かせる指導をしてから学級通信に載せるように気を配っていますので，どの子どもも2年生とは思えないくらい丁寧に描けています。

> 子どもたちの観察カードに担任がコメントをつけています。よい面を取り上げて，丁寧にコメントしていますね。

[B4判]

子どもの作品を載せるときのポイント

　担任の思いや学校のようすを知らせる学級通信ですが，ときどき子どもの作品を載せると，また違った感じになります。保護者も興味を持って読んでくれますし，担任としては原稿を書く題材に困ったときにも助かります。

　しかし，子どもの作品を載せるときには，いくつかの注意があります。ここで，まとめてみましょう。

---

① **必ず全員の児童の作品を載せるようにしましょう。**

　何号かに分かれてもかまいません。子どもの作品を載せた最初の学級通信に，この後に全員載せることを書いておくと，保護者は安心しますし，次号からの学級通信がさらに楽しみになります。

② **学級通信に載せる前に，誤字脱字をチェック。**

　必ず誤字脱字をチェックしましょう。そして，誤字脱字があった場合は，子どもといっしょに修正してから学級通信に載せましょう。学級のたくさんの保護者や子どもが見る学級通信ですから，誤字脱字があるものを載せては子どもがかわいそうですし，誤字脱字のまま載せられた子どもや保護者は，今後，学級通信を見る意欲がなくなることがあります。

③ **文章の内容もチェック。**

　とくにだれかを傷つけるような，人権にかかわるような内容が書かれていないか，家庭や友だちのプライバシーにかかわるような内容がないかを注意しましょう。

④ **いいことや友だち・学級をほめる内容はどんどん載せましょう。**

　子どもたちも，まわりの人のよい面を見ることの大切さを知り，学級の信頼につながります。

❺ 担任の日常を知らせよう

たまには，コーヒーブレイク。

　学校のようすや子どもたちの作品を載せるばかりでは，大きな行事などがなければ，学級通信に書く内容もなくなってきます。そこで，担任の日常生活を書くことをおすすめします。保護者は，担任の日常生活に触れることによって，親近感を持つことができます。また，担任の日常生活や日ごろ考えていることについて，保護者も子どもも興味を持っていますので，学級通信を読むのが楽しみになります。

さりげなく，育ってほしい子ども像を書き入れよう。

　ここで大切なことは，担任としての考え方や子どもたちがこのように育ってほしいということをさりげなく書き入れることです。そうすることにより，家庭教育の指針にもなります。しかし，かたい内容ばかりでは学校のようすを書いているのと変わりがありませんので，失敗談なども書くと，保護者にとって先生がより親しみやすい存在になることでしょう。

積み重ねることが大切。

　「ケセラセラ3月16日号」と「ケセラセラ3月18日号」は，担任の日常を書いたものです。3月16日で197号ということは，ほぼ毎日，学級通信を発行していたことになります。

　この担任は1年間（持ち上がりの2年目の教員ですので2年間），このような学級通信を発行してきました。この2号だけを見るとちょっとくだけすぎているように感じるかもしれませんが，日々の積み重ねによって保護者と意思疎通を図り，人間関係ができていましたので，保護者も好感を持って楽しく読んでいました。

　保護者会で保護者の意見を聞いたり，私がこの学級の保護者と立ち話をしたりすると，「学級通信がとてもおもしろくて，毎日楽しみにしています」という話をたくさん聞きました。毎日この調子では，保護者も「先生はしっかりと学級の子どものことを見ているのか」「こんなくだけていて大丈夫だろうか」と不安になってしまいますが，たまには息抜きの学級通信も効果的です。

> ☆point
> ●たまには，自分の日常生活を伝えよう。
> 　保護者との距離を縮めるよい機会になるはずです。でも，あまりくだけすぎないで，さりげなく指導方針や育ってほしい子ども像を書き入れると，効果的です。

2年3組 学級通信

ケセラセラ

3月16日　NO.197

2年生 終わりまで 1ケタの 日数になりました。子ども達を 見ていると、大きくなったなぁ。こんなことも 出来るように なったのだなぁ。クラスが 替わっても 友だちと 仲良くできるかな… と 感心したり 心配したり 寂しくなったり すること ばかりです。何を書いても しみじみしてしまいそうなので、全く どうでもよい 私の土曜日 の 出来事を 書きます。 夕方 雨もやみ 回覧板を 回しに 出ると 警察の人が 数人 ウロウロ していました。近所の方に 聞くと、何本か 先の通りで ひったくりが あったそうです。気を付けようと 思い 家に戻り、なかなか 昼寝をしない 息子に 背しを かけていると、数分後 ようやく 泣きながら 寝つきました。土・日に 家に 仕事を 持ち帰るのですが、結局 1日中 遊ぶことになり 何も 出来ないので 昼寝の 1時間半くらいが とっても 貴重な 時間です。「さあ 始めよう」と 思っていると 家族から 駅まで 迎えに 来て欲しい と 電話が 入り、ガックリしました。 息子は 今 寝たばかりだし 15分位 置いて いっても 大丈夫だろうと 思いました。でも もし 起きたら どうしよう… 外に 飛び出すかもしれない… でも せっかく 寝かせた のに もったいない… しばらく 悩んで 心を鬼にして 置いていくことにして 鍵を 閉め ました。 でも やはり もしもの ことが あったら と 思うと 心配で 起こさないように 毛布にくるんで 抱き上げました。もう15kgを 越えているので 重くて ヒザでも 押さえながら 玄関を 出ました。うまく 毛布を 巻けなかったようで 顔は 隠れて いるのに 足は 出ていました。まあ 駐車場まで すぐだから いいや と 思い そのまま 急ぐと、何と 駐車場で 車の中に 押し込もうとしたところに 警察の人が 通りかかりました。目が 合いました。思わず 「うちの息子です。今 迎えに行く ところなのですが 寝てしまったので、寝たまま 連れていくところです!! 生きています!!」と 焦って 言いました。警察の人は おかしそうに「気をつけて」と だけ 言いました。 運転しながら 誘拐や虐待 かと 思われなくて 良かった…と ホッとしていると 毛布の塊が いつの間にか 起きていて「みいこ～」と 叫びました。知らないフリをしました。

[B5判]

担任が、小さな息子さんを育てながら教員の仕事をしていることがわかります。
保護者にとっては同じような年代の子どもを持つ担任の先生に共感を持ち、応援したい気持ちになることでしょう。

2年3組 学級通信
ケセラセラ
3月18日 NO.199

★ 月曜日の 学級通信より

　実は こんな 学級通信ですが 毎日 校長先生、副校長先生 に目を通して頂いてから お家の方へ お届けしております。あきれながらでも 許可して下さっている 校長先生、副校長先生は 本当に寛大な 方だと 感謝しております。校長先生には 以前から「オレが居なくなったら 考えてね。」と言われていますので いつまでも こんなに好き勝手に 書ける日が 続くことを 願うばかりです。

　月曜日の 息子を毛布にくるんだ 内容に対して、「この話には 子どもを大切にすることを さり気なく 保護者の方に伝えようと 考えて 書いたのか それとも 何となく インパクトがあったから 書いたのか どっちですか?!」という コメントを 頂きました。校長先生からの この言葉の意味が 最初は 理解できずに 考えましたが、やっと 聞こう としているところの意味が分かり、校長室へ 行きました。「な〜んにも 考えずに、自分で ただ 面白い 出来事 だったので 書きました」と伝えると、「やっぱりな。まあ そうだと 思っていたよ。」との お返事を 頂きました。職員室に戻り、少し考えて「ウソでも こういう時は、自分の 体験を通して、いつでも 子どもを 大切にして欲しい というメッセージを 込めました と 言うべき だったかな…」と 思いました。でも どう背伸びしても、深く考えて 生きていないので、これで 良かったのだと 納得しました…
　　　　　　　　　そんな 適当な 通信を 毎日 読ませて お家の方 ごめんなさい。

★ ある子の 言葉より

　昨日の 給食の "じゃがいもの そぼろ煮" の 盛りつけ を担当した 給食当番の子が かき混ぜながら「すご〜い じゃがいも ばっかり!! じゃがいもって 安いの?!」とつぶやいていました。「私の家も じゃがいもが よ〜く 出るよ」と続けて 言いながら 私と目が 合いました。何故か「先生 ママに 言わないでね…」と言ったのです。じゃがいも＝安い＝家の食事にもいっぱい出る ＝ 安いもの出していると言って ママに悪い… と つながったのかも しれませんね。かわいいです。
　「じゃがいも は 安いだけじゃなくて 栄養が たっぷりなんだよ!! 先生の家も 箱で じゃがいも 買ってるよ。」と 話しました。その子が 丁寧に 盛ってくれた そぼろ煮は とっても おいしく みんな おかわりをしていました。

[B5判]

> さりげなく、担任自身がふだん考えていることを保護者に伝えています。
> この担任のユーモアのセンスと、ほんとうに伝えたいことが見事に調和している内容です。

5 子どもたちの学力を伝えよう

「担任は，子どもの学力をどのようにはかっているのだろう？」
このような保護者の疑問に答える意味でも，学力についての記述は大切です。
子どもたちの学力を学級通信でどのように伝えるか，ここではさまざまな配慮のしかたについて考えてみましょう。

① ふだんのテストのようすを伝えよう

保護者に，同じクラスの子どもの相対的な学習量を伝えよう。

「友達がいればいつでもハッピー2月26日号」では，漢字のテストの結果について書いています。毎週水曜日に漢字練習帳を集めると，ほとんどの子どもたちが1週間で7～10ページ練習していて，なかには20～30ページも練習している友だちがいることを伝えています。保護者は学級の中で自分の子どもが相対的にどのくらいの練習量なのかを知ることができます。さらに，たくさん漢字練習に取り組んでいるので20人も100点満点がいたことを伝え，努力すれば結果が出ることも伝えています。

ちょっとした学習の工夫を伝えよう。

また，漢字を学習するときのちょっとした工夫を書いています。このように書いておくと，保護者は家庭での漢字学習に協力しようという気持ちになり，子どもの学力向上によい結果が出ることが期待できます。

おもしろ漢字大発明！

漢字テストに関連付けて，右ページでは子ども自身が考えた「おもしろ漢字」と詩を載せています。この担任は，子どもたちにおもしろ漢字を発明させ，全員ぶん紹介していました。

この学級ではふだんからノート指導などを丁寧に行っていたので，子どもたちはみんな，字も文章もきれいに書くことができました。このように，学級通信で，学習に対する関心・意欲を高めるような工夫を行っていくことも，おもしろい試みです。

> ☆point
> ●クラスの相対的な学習量を伝えよう
> 学習のしかたには個性があります。目安として，クラスの子どもたちの学習量，練習量を伝えると，家庭教育のヒントになり，安心感を与えることができます。

5. 子どもたちの学力を伝えよう

[B4判・左ページ]

> どのくらい漢字練習帳で練習しているのか，ページ数をあげて説明しています。
> 必ずしもたくさん練習すればよいというものではありませんが，クラスのみんながどれくらい練習しているかという目安がわかりますね。

[B4判・右ページ]

> 子どもたちのやわらかい思考がよくわかります。
> 保護者もおそらくとても勉強になるのではないでしょうか。

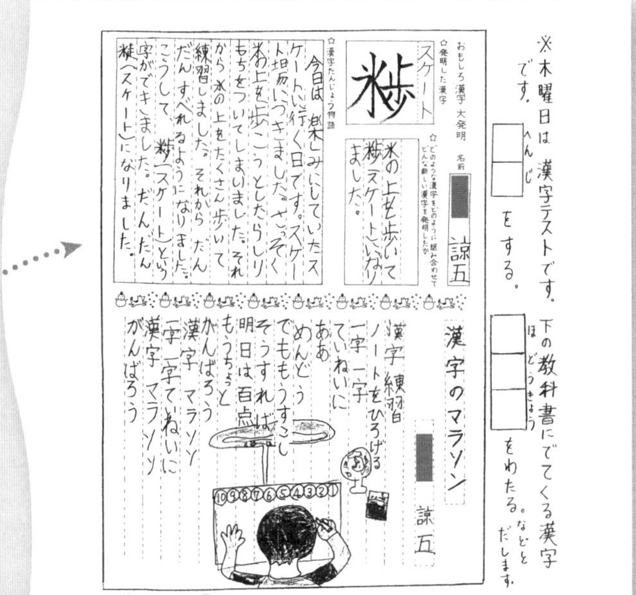

第1章　学級通信をつくろう

61

② 学力調査の結果を伝えよう

学力調査の結果をどのように伝えるか。

　全国学力調査をはじめ，各自治体でも学力調査を行い，子どもたちの指導に役立てる取り組みが積極的に行われています。保護者も，自分の子どもの成績がどのくらいの位置にいるのか，気になるものです。

　学級通信では，どのように伝えればよいのでしょうか。学力調査の結果を子どもに説明して，データをそのまま子どもに渡してしまうと，保護者に学力調査の結果や結果の見方をしっかりと伝えられる子どもならよいのですが，あまりじょうずに伝えられない子どもの保護者は，不安が募るばかりです。

結果の見方，考え方を，学級通信でわかりやすく，具体的に伝えよう。

　「HAPPY 6月23日号」では，結果の見方やどのような視点で結果を見ていけばよいのかを書いています。学力調査は達成率で表されており，達成率とは，この問題ではここまで正解してほしいということを表した数値（目標値）だと説明しています。この学級の国語の達成率は100%ということは，学級の全員が目標の点数以上をとっているということになります。いろいろな子どもがいる中で，100%の達成率はすごいことです。

　さらに学力調査でよかった点，また，どのような点に注意して努力をしていけばよいかも丁寧に書いています。結果をふまえて，家庭での協力に感謝の言葉を書き，さらに向上させるために，どのようなことをしていけばよいのかにも触れています。

ほんとうに大切なことは何か。

　そして，この担任は，最後に「学力もたいせつですが，やさしい心もみがいてほしいです」という思いを伝えています。調査結果も大切ですが，どのような子どもに育ってほしいかというメッセージも，折に触れて伝えていくことがとても大切です。

☆point

● **数値ばかりではなく，よかった点などを具体的に伝えよう。**
　保護者や子どもがデータを見たときに疑問に感じることを想定しながら，できるだけ具体的に，わかりやすく説明するようにしましょう。

● **ほんとうに大切なことを伝えよう。**
　調査結果の数値は，ひとり歩きしがちになります。担任としてどのような子どもに育ってほしいか，日ごろから思っていることをあらためて伝えましょう。

5. 子どもたちの学力を伝えよう

[B4判・左ページ]

HAPPY
■小4年1組
2008. 6.23

学力調査の結果がでました

おうちの方へ　4月に行なった学力調査の結果がでました。今日、封筒に入れて配りました。

「結果資料」「結果資料の見方」「国語の復習問題」・「算数の復習問題」の4枚が入っています。まず4枚が入っているかお確かめください。

次に「結果資料」（調査の結果は個人情報ですので 誰が何点とったなどの情報が他にわからないよう名前は書いてありません。）と「結果資料の見方」をごらんください。

☺がついていれば 目標値（その分野の問題でここまで正解してほしい）をこえているということです。

学級全体を見ますと 算数では 達成率（総合点が目標値までいっているかどうか）は 93.8％ でした。国語は 100％ でした。

算数では 毎日**宿題**を見ていただいているおかげで基礎学力が定着したのだと思います。毎日ありがとうございます。これからもよろしくお願いします。（これからますますむずかしくなるので 宿題でわからなかったりできなかったりした時は そのまま学校へもたせてください。）

　結果の見方を、ポイントにしぼってわかりやすく解説しています。
　そして、保護者の協力にとても感謝しています。折に触れて、保護者に感謝の気持ちを表しましょう。

第1章　学級通信をつくろう

国語は クラス全員の子が 目標値以上の点をとったということ
です。これは やはり **読書の力**だと思います。

学級全体での 分析結果を見て 弱いところは 学級でもくりか
えし復習していきます。
お家でも 復習問題（うしろに答があります。）をやってみましょう
算数は ほぼテストで でた問題と同じような問題です。
国語は 言語に関する問題だけが でています。（テストには
物語や説明文の読解や聞くテスト などもありましたが
お家で 復習するのには このような問題をたくさんやることが
効果的なので！）

いずれにしろ 1回のテストで すべてが はかれるわけでは あり
ませんので… これからも 私は子どもとともに努力していき
ます。

何か わからないことが あれば 連絡帳で おたずねください。
また **7月7日(月)**の 保護者会で おたずねください。
　（保護者会の話題にも したいと思います。）

～❀～❀～❀～❀～

学力も たいせつですが **やさしい心**も みがいてほしいです。
運動会の日の日記を読んでいて「やさしい心」を持っている
人が たくさんいるなあと思いました。自分のがんばりに満足
して 最高の運動会だったと書いている人・そのあと ディズニー
・ランドなどにいって 運動会の成功いわいをして 楽しかったこ
とを書いている人 → 自分が幸せだけど 世界中の子どもた
ちは幸せだろうか？ いろいろ調べてみたい。四川大地震に
募金を集めて送ったらどうだろうか？ など 書いている人が
いました。その後 学級で 話しあい 募金のことを代表委員
会に提案することになりました。また お世話になった 5・6
年生にお礼の言葉を書いている人もいました。やさしい心が一番大切です

　テストを受けて，学級ではどのような取り組みをしている
のかを伝えることがとても大切です。
　そして，担任の思いが「やさしい心」に込められています。
テストの結果はもちろん大切ですが，ほんとうに大切にして
ほしいことを伝えるのも，学級通信の大きな役割です。

③ 通知表の評価について伝えよう

評価に対する保護者の疑問を解決しよう。

「なぜ，自分の子どもはこのような評価なのだろう。」
「どうして，自分の子どもはこんなに悪いんだろう。」

学期末に保護者が通知表を見たとき，どのような視点で見てよいのかわからないと，このような気持ちが強く出ることもあります。この本を読んでくださっている先生がたも，学期末，学年末の通知表を，とても苦しみながら作成していることでしょう。

保護者の疑問を解決するために，どのように評価をつけているのか，ある程度説明することが必要です。それは，情報公開が求められている今の時代に，必須の条件となるでしょう。

通知表の評価のつけ方を，率直に伝えよう。

そこで，学級通信が大きな役割を果たします。

「ケセラセラ7月17日号」の「あゆみについて」は，学年でよく話し合って，同じ学年で子どもたちの通知表（あゆみ）での評価があまり違わないようにしているのがわかります。担任がどのように子どもの通知表をつけているのかがわかり，保護者に安心感を与えます。

通知表についてこれだけ詳しく視点を書き，担任の思いを書いておくと，自分の子どもがどうしてこのような評価になったのかが，理解しやすくなります。

通知表をつける担任の思いを，素直に伝えよう。

また，担任が子どもたちのことを考え，少しでも意欲が出るように考えて悩み抜いて，通知表をつけているようすが素直に表現されています。「こんなふうに担任も考えてくれているのなら，少し成績が落ちても怒らないで励ましてあげよう」という気持ちに保護者がなってくれれば，子どももがんばろうという気持ちがわいてきます。

> ☆point
> ●通知表のつけ方を率直に伝えよう。
> 　評価のつけ方について，学級通信である程度の視点を保護者に伝え，保護者との意思疎通を図りましょう。通知表は担任だけがつくり上げるのではなく，保護者とともにつくり上げるという視点を持つとよいでしょう。

2年3組 学級通信
ケセラセラ
7月17日 NO.69

★ あゆみについて

いよいよ 明日は 終業式です。子ども達にとっては 楽しい夏休みが始まり、うれしい日のようですが、一つの関門が あゆみ だと思います。

子ども達には、明日 よく 話しますが、お家の方には 1日前に 幾つか 話しておきたいことがあります。保護者会で お話したことと 重複しますが、来年度 中学年への移行期ということを 考え、1年生の時より 厳しめに つけております。基準は「おおむねできる」におきます。もし「努力しよう」があれば 夏休み中に 復習して 2学期に向けて欲しいです。「よくできる」は あまりつけておりませんが、"かなり努力をしました"ということなので ほめてあげて下さい。1年生の時と 比べると 全体的に 下がったように 感じられると思いますが、基準を かえて おりますので、どうか 御了承下さい。

2年生の評価に あたり、■■先生と ■■先生と 相当 話し合いました。"あゆみ"の観点だけでは 分かりにくいので、保護者会 資料（本日も右側下に 載せました♡）に 私達が 評価を する際に 考えた点を 具体的に 書きました。参考にして下さい。

評価を する際、机上が 書類で あふれました。テストの結果表と、ワークシートと、作文と、漢字の小テスト、学習ノートと あらゆる 資料を 並べて 考えました。

人を評価するって 本当に 大変ですし、正直申しまして 嫌です。所見は 子ども達の顔が 浮かび、様々な場面を 思い出しながら 書けますが、評価は「よくできる」「おおむねできる」「努力しよう」の 枠に 一人一人を 当てはめてしまうことになります。

「よくできる」でも 良さそうだけれど、もう1歩 努力して 欲しいな。「努力しよう」につけたら 傷付くかな? やる気を出して くれるかな? と 悩みは きりがありませんでした。最終的に 一人一人を 決まった枠に 当てはめて 評価し、"あゆみ"として 明日 渡すことになりますが、どうか 前向きに 受け取って 頂きたいと 願います。

> 評価をつけるときの担任の苦しみが率直に書かれています。ふだんから学級通信で保護者に素直な気持ちを伝えているからこそ，ここまで書くことができます。
> はじめはここまで率直に書く必要はありませんが，評価した基準などは，保護者に丁寧に説明することが大切です。

5. 子どもたちの学力を伝えよう

[B4判]

> このように 自分自身が 半人前の 私が 悩むことは 分かりますが, 私より はるかに ■先生と ■先生が 悩んでいました。よく考えると 100回以上も "あゆみ" をつけている方達ですが,「毎回 この評価の欄が 苦痛で たまらない」と 言っています。それぞれ 各教室に 入る前に「今日こそは 覚悟を決めて 完成させるぞ!!」と 励まし合いますが, 1時間もしないうちに,「これくらい テストが 出来て, ワークシートの 書き込みも できていたら いいよね!!」と 3人集まって 相談することに なりました。お二人の先生を見ていると, とても あたたかい 気持ちに なります。そして "あゆみ"の 大切さも 実感します。
>
> 最後に一つ 言い訳になります。私は 今年度の あゆみの 所見欄を 1行に 沿って 書きました。明日 見て 頂ければ 分かりますが, 昨年度は 1行を 2段に 分けて 細かい字で 書いておりましたが, 今年度は 1行に 1段にしました。当然 書く量が 減っているので, 一見 手抜きに 見えます。でも そのような つもりは 一切なく, なるべく 簡潔に 印象が 強かったことだけを 書こうと 考えました。(たとえ 二段で 書いたとしても, 日々の 彼らの 努力と 成長は 伝えきれませんし, 日頃から 通信で 伝えていたつもりでしたので…)
>
> でも 一行にしたことを 他の先生に 話すと,「え〜 信じられない。持ち上がりの 2年目で 昨年より 少なくするなんて!!」「一行から 二行へ 増やすなら 分かるけど 減らしたの?」「よほど 図太くないと 恐くて 出来ないよね…」と さんざん 言われました。まあ 私は 保護者の方を 信じているので 気にしませんが…

観　点	評価内容	
国語に関心をもち, 意欲的に学習することができる。	国語の学習への意欲, 授業での様子。	
聞き手に分かるよう話し, 人の話を正しく聞くことができる。	聞き手に聞こえる声で終わりまではっきり話し, 目を見て聞くことができる。	⇒ "目を見て聞く" ことが 難しいです。でも 重要です。
かんたんな文章をかくことができる。	自分のしたことや心の動きを順序に沿って書くことができる。	
文章を読んで内容を理解できる。	文章を読み, 場面の様子や人物の気持ちを読み取ることができる。(テスト・授業のワークシートへの書き込み)	
文字を正しく書くことができる。	止め・はね・はらいに気を付けて丁寧に書くことができる。	⇒ "丁寧に" が 重要です。
数や形に関心をもち, 意欲的に学習することができる。	算数の学習への意欲, 授業での様子。	
形や数について筋道を立てて考えることができる。	足し算・引き算・長さ等の基礎知識を応用して, 文章問題などを導くことができる。	
計算やものの形をとらえたり, 作ったりできる。	正しく計算したり, 測ったりすることができる。	⇒ 今回 ものさしで 苦戦 しました。
数や形の概念・性質などが理解できる。	くり上がり, くり下がりの計算や, 長さ, 3位数の位取りが理解できる。	
音楽を楽しみ, 進んで表現できる。	歌ったり演奏したりすることに興味を持って取り組んでいる。	
リズムにのって楽しく歌うことができる。	のびのびと楽しく歌うことができる。	
楽しく楽器を演奏することができる	正しい指づかいで鍵盤ハーモニカの演奏ができる。	⇒ "正しい指づかい" が 重要です。
進んで活動し, 最後まで仕上げることができる。	楽しみながら作品を仕上げることができる。	
のびのびと絵をかくことができる。	描きたいことをしっかり表現できる。(絵の具の使い方)	
工夫して作品を作ることができる。	作りたいものをしっかり表現することができる。	
きまりを守り, 楽しく運動することができる。	集合, 整列, ルール, 友達との協力など総合して評価。	⇒ おしゃべり, 整列の仕方, 砂いじり, など ルールに関することも 評価 しました。
基本的な運動を身につけることができる。	かけっこ, ダンス, ボール, (水遊び) など。	

> この学年は3クラスで, 小学校教員3年目のこの担任と, 2人のベテラン教員の組み合わせでした。若い担任が, ベテラン教員にいろいろと相談しながら試行錯誤しているようすがうかがえます。
> この担任だけの率直な意見だけが学級通信に載っていると, 保護者は不安に思ったかもしれません。しかし, ベテラン教員とのやり取りを掲載することで, 十分に検討した結果の評価だと, 保護者も感じ取ることができたと思います。学年でしっかりと共通理解を図っていることが感じられる例です。

6 学年末，最後の学級通信

学年末の最後の学級通信は，どのような書き方をしたらよいでしょうか。
子どもたちといっしょにがんばってきたことを，思い出も交えて素直な気持ちで書くと，保護者の心にも伝わります。

みんなちがって みんないい
1年3組 学級通信　　3月24日　NO, 201

★ 1年3組が 大好きです。
ついに この日が 来てしまいました。 1年生が 終わってしまいました…
この通信も 最終号なので 土・日に 何度も 書き直しました。 最後くらい いいことを 書きたいと 思っていました。 この1年を 振り返り， 全員が 大きな 病気・怪我なく 元気に 楽しく 登校できたこと， お家の 方の 応援が 大きかったこと， 一人一人が 大きく 成長したこと… 等， 感謝したいことばかりです。 それなのに 気付くと 3/21(金)の 大そうじ， 最後の給食， 帰りに 私が 「お楽しみ会 やるの 忘れた…」と 言って みんなが 怒ったこと… 等を 書いてしまいました。
そして 5枚書き直した 全ての 結びに 「こんな 具合いで 1年生 終わりといっても 相変わらず バタバタしており， しんみり する 余裕は ありません…」と 書いていました。
でも 今朝 出勤の 電車の中で 読み直していて やはり 何か違うと 感じました。 そして 誰もいない 教室に入り， 1年間を 無事終了 できることが うれしい はずなのに， 何故か 寂しい 気持ちに なりました。 先週 1週間も 子ども達に「あれも これも それも やらなければならない。 忙しい～!!」と 言い続けていました。 もしかすると 私自身が 1年生が 終わってしまうことを 考えないようにしていたのかも しれません。
でも 本当に あと 数日で この子達と お別れだったら… と考えたら 寂しくなってしまいました。 毎日 練習している 入学式の練習で 相変わらず 話を 聞かずふざけている人がいます。 絶対 いけないこと なので 厳しく 注意しています。 でも その子には びっくりする程の 良い所が あります。 どの子も そうです。 表面には 見えない 良さが たっぷり あります。 それを 理解するのに 1年 かかりました。 もし 違う先生に なったら， 理解して下さるかな？ いやいや， 私より 立派な 先生ばかりなので きっと すぐに 良い所を 見つけ出し， 引っ張って くれるだろうな… だいたい こんな 変な 学級通信を 書いているのは 私だけですし。
理解ある 保護者の方と 心の広い 校長先生の お陰で 毎日 続けてこられました。
やはり， きちんとした 先生に 教えてもらった方が 子ども達にとって 幸せだし… でも やはり 私は もっと 一緒に いたいし… と 少ない 脳みそが フル回転 しています。

6. 学年末，最後の学級通信

1年間の思いを込めて…。

「**みんなちがってみんないい3月24日号**」には，1年間子どもたちといっしょにがんばってきた担任の思いが表れています。保護者と話をすると「最後の学級通信は宝物です」と言っていました。201号とほとんど毎日発行していた担任ですから，思いを書くのもひとしおだと思います。

教師になってほんとうによかったという思いが持てるように，1年間子どもたちのために力を発揮してください。そうすれば，あたたかい気持ちのあふれる最後の学級通信を書くことができると思います。

何はともあれ　今日の日を迎えられたことに感謝します。保護者の方々には　いつも応援して　支えて頂き　ありがたい気持ちでいっぱいです。最後のアルバム作りもどんなに大変だったことかと思います。ひとつひとつ　見ていて　涙が出てしまいました。みんな　大きく　成長しましたね。"大きくなった1ねん生"のページに　私からも一言を入れさせて頂きました。

自分の子ども　よりも　一緒にいる時間が　長かった　3組の子ども達のことを　すっかり我が子のように思うように　なってしまいました。1年3組の　担任になれたことは　私にとって大きな財産です。本当に1年間ありがとうございました。

"みんな ちがって　みんな いい" は　3組に ぴったり です。これからも　それぞれの良さを自信を持って　伸ばして　いって 欲しいです。

春休みは　事故のないよう　お過ごし下さい。鍵盤ハーモニカ、漢字の書き順の確認もお忘れなく…

最終号まで　うまく　まとまらず　スミマセン…　感謝の気持ち　伝わりましたか？

> 何度も書き直して，結局この日の朝もう一度書き直して，この学級通信を完成させたことがわかります。
> さまざまな思いが行き来して，その思いが伝えられていないもどかしさをこの担任は感じているようですが，素直な感情が込められています。保護者も，きっと1年間学級通信を続けたこの担任に感謝していることでしょう。

[B4判]

第1章　学級通信をつくろう

6年生，最後の学級通信。

　6年生の卒業式の日，小学校生活最後の学級通信には，どのようなことを書いたらよいでしょうか。これまでのことを思い出して，素直な気持ちを書くだけで感動的な学級通信を書くことができますが，いくつかヒントになることをあげましょう。

　まず，3学期になって卒業が近づくと，友だちと違う中学になったり，慣れ親しんだ小学校の校舎ともお別れになったりで，いろいろな思いが出てきます。しかし，暗い話題や悲しい思い出が中心の学級通信では，読むのもつらいですね。ですから最後の学級通信は楽しかった思い出や，これからの希望を書いた学級通信にしましょう。

　大きくは，次の2点をおさえておきましょう。

① 楽しかったことを中心に書きましょう。

　子どもとともに歩んできた月日は，楽しかったこと，つらかったこと，悲しかったこと，怒ったこと，いろいろなことがあったでしょう。しかし，時が経てば，皆よい思い出になったり，いやなことを忘れて楽しかったことだけを覚えていたりするものです。

　ぜひ，小学校時代のよい思い出を残せるように，楽しかったことやがんばっていたことを中心に，最後の学級通信を書きましょう。

② 中学校でがんばってほしいことを書きましょう。

　子どもたちを見ていて，中学校でがんばってほしいことが，いろいろと頭に浮かぶことでしょう。そのことをはなむけの言葉として書いておくこともよいことです。

　この2点を入れた例を右ページにあげました。ほかにも，これからの人生について最後の授業のつもりで熱く語ってもいいでしょう。

♣ **まとめにかえて**

●**学級通信は，担任と子ども，そして保護者をつなぐ懸け橋！**

　第1章では，学級通信についていろいろと紹介してきました。学級通信は担任と子ども，そして保護者をつなぐ懸け橋になります。使い方によっては家庭教育を推進する有効な手段になります。しかし，文字で残るものですから，しっかりと推敲して，人権にも配慮して，公平な気持ちと，子どもたち一人一人を大切にする気持ちで書きましょう。すると，保護者はどんどん担任の先生を信頼することでしょう。

　保護者が担任の先生を信頼することにより，保護者の協力を得られるので，学級経営がとてもスムーズにできると思います。

　ぜひ，学級通信を書き続けてみましょう！！

「卒業おめでとう」

　ご卒業，おめでとうございます。
　卒業生の皆さんと2年間いっしょに過ごして多くの思い出ができました。皆さんと過ごした時間は楽しい思い出がいっぱいです。皆さんはしっかりとした発表ができ，歌が上手で，どんなことにも一生懸命努力するような，よい面をたくさん持っていました。そんなすばらしい皆さんが卒業していくのは，とても寂しいです。しかし皆さんに明るい未来を切り開いてもらうために，私からの最後の言葉として，中学校で努力してほしいことを三つ書きます。
　その一，よい友だちをつくってください。よい友だちとは，お互いに学び合い高め合えるような友を言います。一生親交が続く親友ができる時期でもあります。困ったときに助け合える友をつくってください。
　その二，部活をがんばってください。運動部に入って汗を流し体づくりに励むことも大切です。また，文化部に入って好きなことを極めるのもよいことです。部活でたくさん思い出をつくってください。
　その三，勉強に努力してください。小学校と違い，中学校では定期試験があります。こんなに勉強したことはなかったというくらい勉強することは，将来に向けて，とても大切なことです。
　皆さんは本校の誇りです。本校はこんなにすごい学校なのかと中学校でも言われるよう，力を尽くしてください。いつまでも応援しています。

coffee break
保護者会の出席率を上げるために
～保護者にアルバムをつくってもらおう～

　保護者会の出席率を上げるために，どのような工夫をしていますか。
　4月はじめの第1回の保護者会には，新しい担任の話を聞くために，おおぜいの保護者が出席することでしょう。ところが，徐々に慣れてきて，1学期末，2学期末と，保護者の出席率はだんだん低くなってくるのではないでしょうか。出席率を上げるために，担任はいろいろな工夫をします。「子どもたちの成長に大切なことを話しますよ」「学力をつけるために，どのような勉強をしたらよいのか，ヒントになる話をします」など，保護者が出席したくなるような事前の宣伝を行うのもひとつの方法でしょう。しかし，その工夫も限界があるのではないでしょうか。
　そこで，保護者会の出席率を上げる方法を，ひとつ紹介しましょう。
　それは，学校生活で撮りためた写真やプリントを，学年末の最後の保護者会で，保護者自身でアルバムにしてもらうという方法です。
　学校生活では，行事やふだんの授業などで，担任が写真を撮る機会が多くあります。最近はデジタルカメラが主流になり，気軽に写真を撮影することができるようになりました。それらの写真を印刷して，保護者会のときに保護者に配布します。保護者は「作品集（アルバム）づくりについて」を読みながら，アルバムを作成します。アルバムを作成した後，最後の写真と担任のコメントを書き入れ，修了式に子どもに渡します。
　このように，1年間の成長がわかるようなアルバムづくりを保護者会で行うと，出席率がぐんと上がります。学年末だけではなく，1学期末，2学期末と段階的に作成してもらってもよいでしょう。色ぬりなどは子どもたちにやってもらってもいいですね。そのため，新年度はじめから写真や子どもの作品，プリントなどを取っておくとよいでしょう。
　保護者は子どもたちの成長と担任の苦労，努力を感じ取り，ますます家庭と学校との絆が強くなります。

表紙 　　　　　　　　水泳・進級表 　　　　　　　　発表会

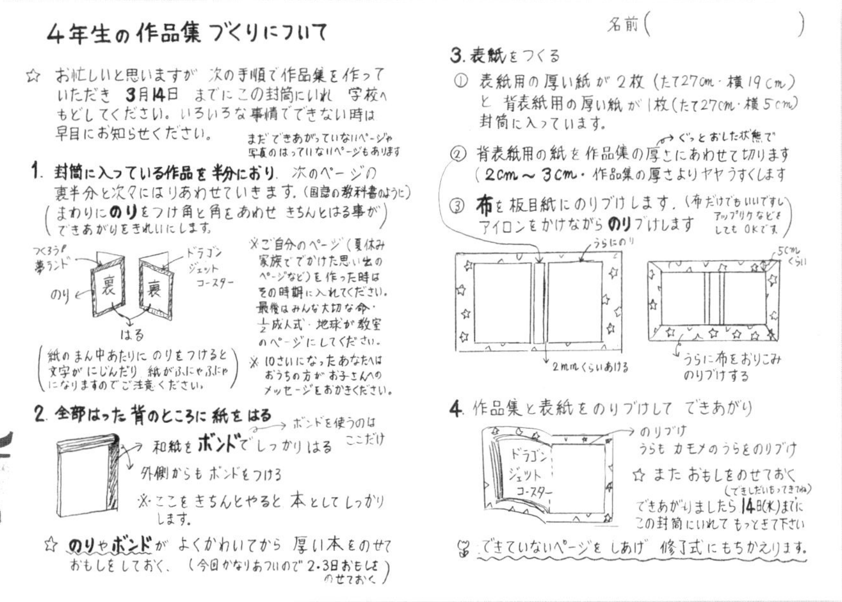

coffee break

4年生の作品集づくりについて

名前（　　　　　　）

☆ お忙しいと思いますが 次の手順で作品集を作っていただき 3月14日 までにこの封筒にいれ 学校へもどしてください。いろいろな事情でできない時は早めにお知らせください。

まだできあがっていないページや写真のはっていないページもあります

1. 封筒に入っている作品を半分におり、次のページの裏半分と次々にはりあわせていきます。（国語の教科書のように）
まわりにのりをつけ角と角をあわせ きちんとはる事ができあがりをきれいにします。

つくろうランド／ドラゴンジェットコースター／のり／裏／裏／はる

紙のまん中あたりにのりをつけると文字がにじんだり 紙がふにゃふにゃになりますのでご注意ください。

※ご自分のページ（夏休み 家族ででかけた思い出のページなど）を作った時はその時期に入れてください。最後はみんな大切な命・十才成人式・地球が教室のページにしてください。

※10さいになったあなたにおうちの方からお子さんのメッセージもおねがきください。

2. 全部はった背のところに紙をはる
和紙をボンドでしっかりはる
外側からもボンドをつける
ボンドを使うのはここだけ
※ここをきちんとやると本としてしっかりします。

☆のりやボンドが よくかわいてから 厚い本をのせておもしをしておく。（今回かなりあついので 2・3日おもしをのせておく）

3. 表紙をつくる
① 表紙用の厚い紙が2枚（たて27cm・横19cm）と、背表紙用の厚い紙が1枚（たて27cm・横5cm）封筒に入っています。

② 背表紙用の紙を作品集の厚さにあわせて切ります（2cm～3cm・作品集の厚さよりヤヤうすくします）ぐっとおした状態で

③ 布を板目紙にのりづけします。（布だけでもいいですしアイロンをかけながら のりづけします）アップリケなどしてもOKです

2mmくらいあける／うらに布をおりこみのりづけする／5cmくらい／うらにのり

4. 作品集と表紙をのりづけして できあがり
ドラゴンジェットコースター
のりづけ
うらも カモメのうらをのりづけ
☆ また おもしをのせておく（できていないときね）
できあがりましたら14日(水)までにこの封筒にいれてもってきて下さい
☆ できていないページをしあげ 修了式にもちかえります。

[B4判]

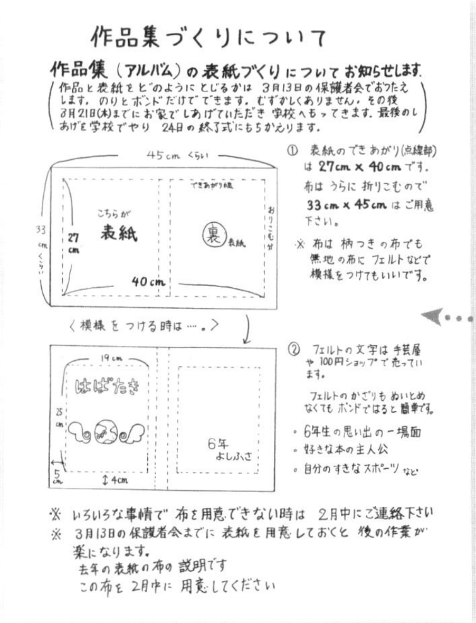

作品集づくりについて

作品集（アルバム）の表紙づくりについてお知らせします。
作品と表紙をピのようにとじるかは 3月13日の保護者会であつかえします。のりやボンドだけでできます。むずかしくありません。その後3月21日(木)までにお家でしあげていただき 学校へもってきます。最後のしあげを学校でやり 24日の終了式にもちかえります。

〈表紙のできあがり（点線部）は 27cm×40cmです。布はうらに折りこむので 33cm×45cmはご用意下さい。〉
※布は 柄つきの布でも 無地の布に フェルトなどで 模様をつけてもいいです。

45cmくらい／33cm／こちらが 表紙 27cm／できあがり 裏／40cm

〈模様をつける時は…。〉
19cm／はばたき／5cm／4cm／6年 よしふさ

② フェルトの文字は手芸屋や100円ショップで売っています。
フェルトのかざりも ぬいとめなくても ボンドではると 簡単です。
・6年生の思い出の一場面
・好きな本の主人公
・自分の好きなスポーツ など

※ いろいろな事情で 布を用意できない時は 2月中にご連絡下さい
※ 3月13日の保護者会までに 表紙を用意しておくと 後の作業が楽になります。
去年の表紙の布の説明です
この布を2月中に用意してください

[B5判]

下の写真は，担任が私のために作成したアルバムです。中には私と子どもたちの交流のようすの写真が満載です。
アルバムのつくり方など，保護者会に参加した保護者は，そこで疑問点を解決することができますが，欠席した保護者向けには，説明書を用意するとよいでしょう。

書きぞめ・社会見学 　　バドミントン大会・ハッピー集会

[B4判]

「みんなちがってみんないい3月12日号」には，保護者会で保護者が一生懸命になってアルバムを作成しているようすが伝えられています。

やむを得ず，保護者会を欠席する保護者のために，学級通信を活用してアルバムのつくり方を丁寧に説明しましょう。

さまざまに工夫してつくり上げた世界でたったひとつのアルバムは，同時に子ども，保護者，そして担任の見事なコラボレーション作品にもなりますね。

言葉遊び発表会・しりとり歌　　校長先生からのコメント　　裏表紙

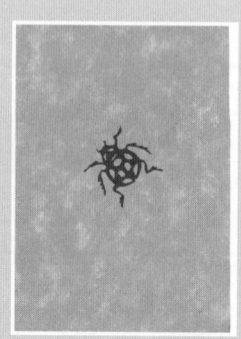

第2章
学年通信をつくろう

1. 学年通信をつくってみよう
2. 学年通信で,学年のようすを伝えよう

1 学年通信をつくってみよう

　第1章では，学級通信を取り上げてきました。学校生活では，学級通信と同様に，学年通信を発行する機会も多くなります。
　第2章では，学級通信とくらべながら，学年通信の書き方をお伝えしていきましょう。

① 学年通信をつくる前に

学級通信と学年通信の違いは？

　学級通信と学年通信の発行する意味合いの違いを考えてみましょう。
　まず，学級通信では，子どもたちがどんなにがんばったかを，担任の思いで熱く語ることができます。そのことによって，保護者は担任に信頼を寄せることになります。しかし，学年通信で担任の熱い思いを書いてしまうと，どうしても担任の学級の話が中心になってしまいます。
　学年通信は，学年全体にかかわることを中心に載せることが多くなります。学年通信で一つの学級のことだけを取り上げたのでは，ほかの学級の保護者は不満に思うでしょう。そこで，よい面を評価する場合も，学年全体にかかわることを載せることが大切です。
　また，学年通信では第三者的な書き方で，学年の子どもたちをほめてあげましょう。たとえば，「校長先生や副校長先生，ほかの学年の先生がこのようにほめていました。学年の先生がたも大喜びです」のように，ほかの人から評価されたという記述が効果的です。
　保護者の協力に感謝の言葉も，「学年全体の教員が感謝しています」と常に学年全体を意識して書きましょう。

学年通信をつくる前に

　第1章で紹介してきたように，学級通信は担任が臨機応変に発行時期や発行ペースを決め，内容も担任の考えを反映しやすい面があります。しかし，学年通信では，学年に複数のクラスがある場合，ほかのクラスの担任と共通理解を図って内容を掲載していくことが求められます。
　学年通信をつくるにあたっては，発行時期，発行ペースなど，学年の先生とよく話し合うことが大切です。また，学年通信は1年生を除いて，月ごとに発行するのが理想です。学年で足並みをそろえて計画を立てているようすを伝えることによって，保護者はとても安心します。

1. 学年通信をつくってみよう

学年通信に載せる内容は？

　2年生の学年通信「ぐうちょきぱあⅡ6月4日号」は，一般的な学年通信です。1か月ごとの行事予定，学習予定についてわかりやすく説明しています。また，集金が必要な場合は，内容と金額を丁寧に説明しましょう。

　ここでは「ぐうちょきぱあⅡ6月4日号」をもとに，学年通信に載せる一般的な内容を7項目紹介します。

[B4判]

① 子どもたちのがんばり
② 保護者の協力への感謝
③ 行事予定（時程変更など）
④ 学習予定（今月の持ち物など）
⑤ おもな行事の解説
⑥ 集金のお知らせ
⑦ その他

> 教材費，あるいは学校行事にかかわる費用など，学年に共通した集金がある場合は，内訳と値段を丁寧に説明しましょう。

❷ 学年はじまりの学年通信をつくろう

今年度かかわりのある先生の紹介をしよう。

　いよいよ新学年のスタートです。学年はじめの学年通信は，どのようにつくればよいのでしょうか。

　3年生の学年通信「**わかば4月6日号**」を見てみましょう。「今年度お世話になる学年の先生や専科の先生は，どのような人柄なのだろう？」という保護者の疑問にこたえるために，担任の紹介を載せています。とくに持ち上がりでない場合は，保護者や子どもたちに親しみを持ってもらえるような内容にするとよいでしょう。また，専科の教員が入る場合は，その紹介も載せましょう。

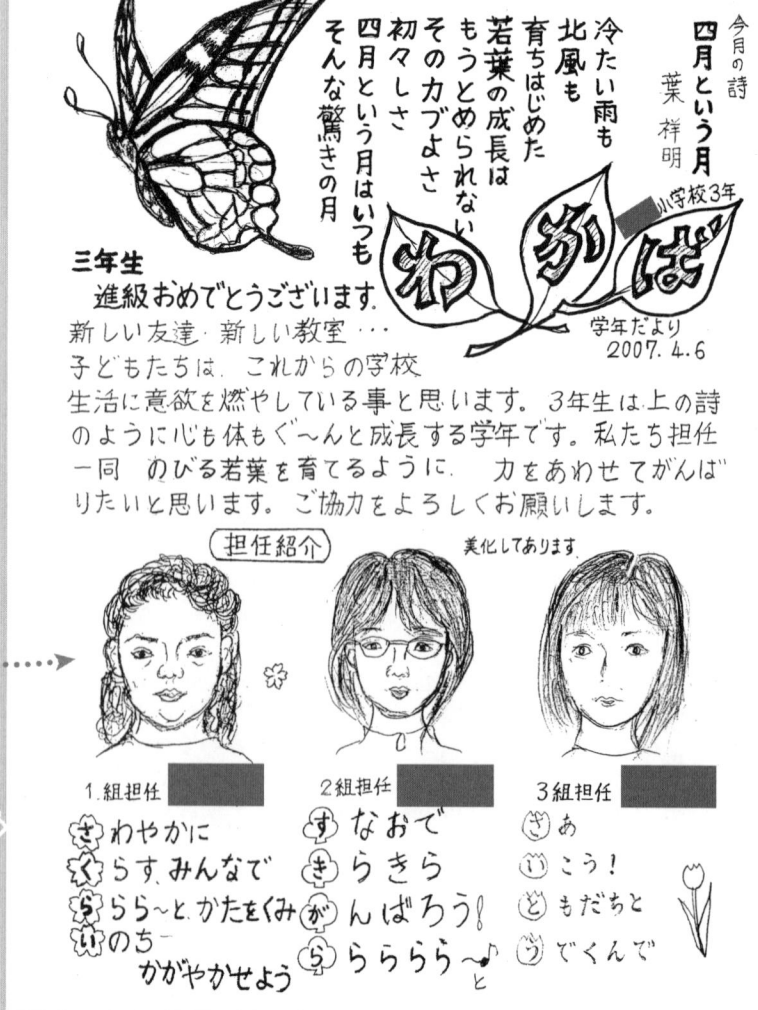

> 似顔絵つきで，担任を紹介しています。コメントにも茶目っけがあり，保護者は親近感を持てるでしょう。

学年だより「わかば」 2007.4.6 小学校3年

今月の詩　四月という月　葉 祥明

冷たい雨も
北風も
育ちはじめた
若葉の成長は
もうとめられない
その力づよさ
初々しさ
四月という月はいつも
そんな驚きの月

三年生　進級おめでとうございます。

新しい友達・新しい教室…子どもたちは，これからの学校生活に意欲を燃やしている事と思います。3年生は上の詩のように心も体もぐ〜んと成長する学年です。私たち担任一同　のびる若葉を育てるように，力をあわせてがんばりたいと思います。ご協力をよろしくお願いします。

担任紹介（美化してあります）

1.組担任
- さわやかに
- くらす みんなで
- ららら〜と，かたをくみ
- ばのち
- かがやかせよう

2.組担任
- すなおで
- きらきら
- がんばろう！
- ららら〜♪と

3.組担任
- あ
- こう！
- ともだちと
- てをくんで

1. 学年通信をつくってみよう

4月の行事予定，お知らせ，お願いは，とくに丁寧に。

　4月は新しい学年になりますので，必要な持ち物や提出物がとくに多くなる時期です。できるだけわかりやすく掲載するようにしましょう。

　また，学年全体にかかわる行事を載せることも大切です。とくに，時間割の変更を伝える必要があります。この学年通信でも，「3年生の時間割は，基本的に火曜日6時間，他の日は5時間です」と記しています。学年通信では詳しく書き切れない場合は，学級通信でフォローしましょう。

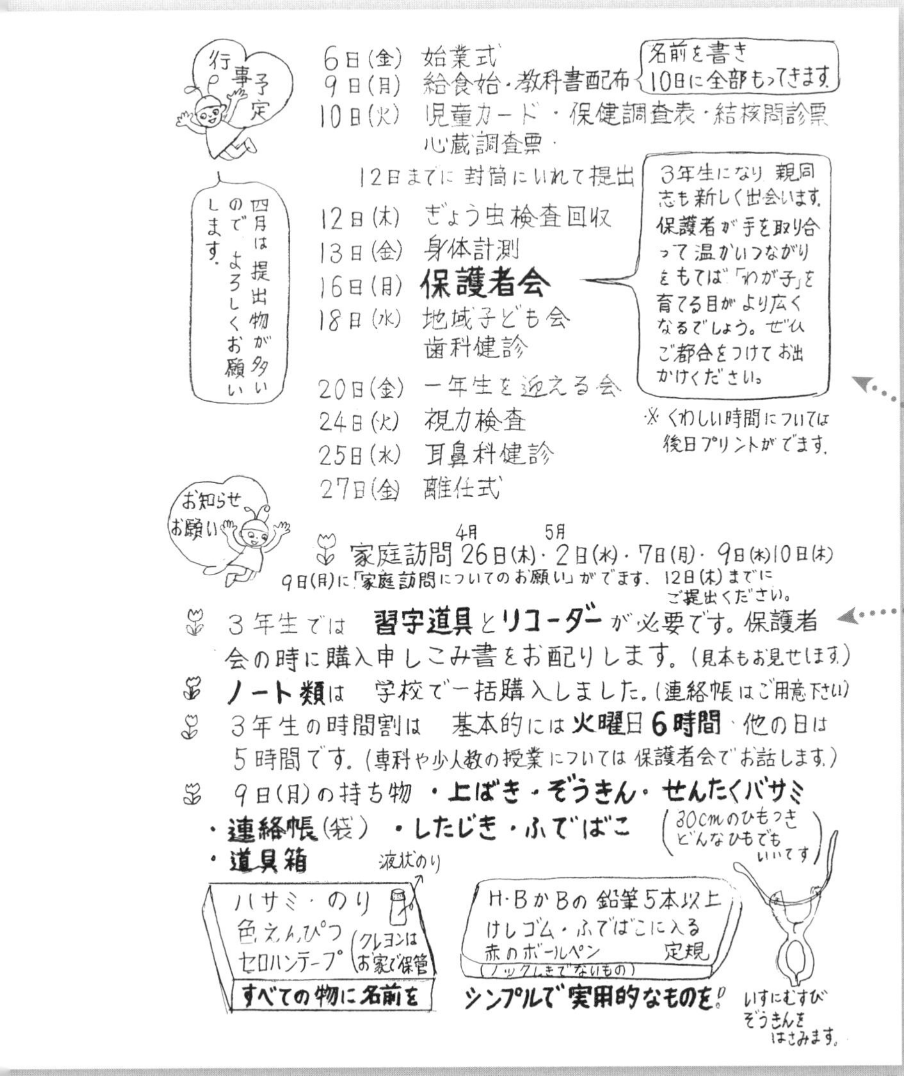

[B4判]

③ 保護者会を控えて

学年の目標を明確にしよう。

　「この学年の子どもたちをどのように育てていきたいか」という目指す児童像を載せることも大切です。

　「けやき」は4年生の学年通信で，保護者会の資料を兼ねています。この学年通信では，「10歳の節を大切に！　子どもを少しずつ自立させていきましょう」というサブタイトルをつけて，「ひとつ」から「ここのつ」の歳まではいろいろなことを仕込む時期であり，語尾の「つ」が取れる10歳（とう）の節目の年には何を大切にしたらよいのかを保護者に語りかけています。4年生がその年に当たりますが，保護者にとっては興味を引く話になっています。

> 　4年生がどのような発達段階にあるのか，教師から見た4年生の特徴をあげています。
> 　知的発達に関することでは，「考える力を身につける」ための学習内容，目安となる学習時間を明らかにしています。
> 　このように目標を具体的に示すと，家庭でも対応しやすくなるでしょう。

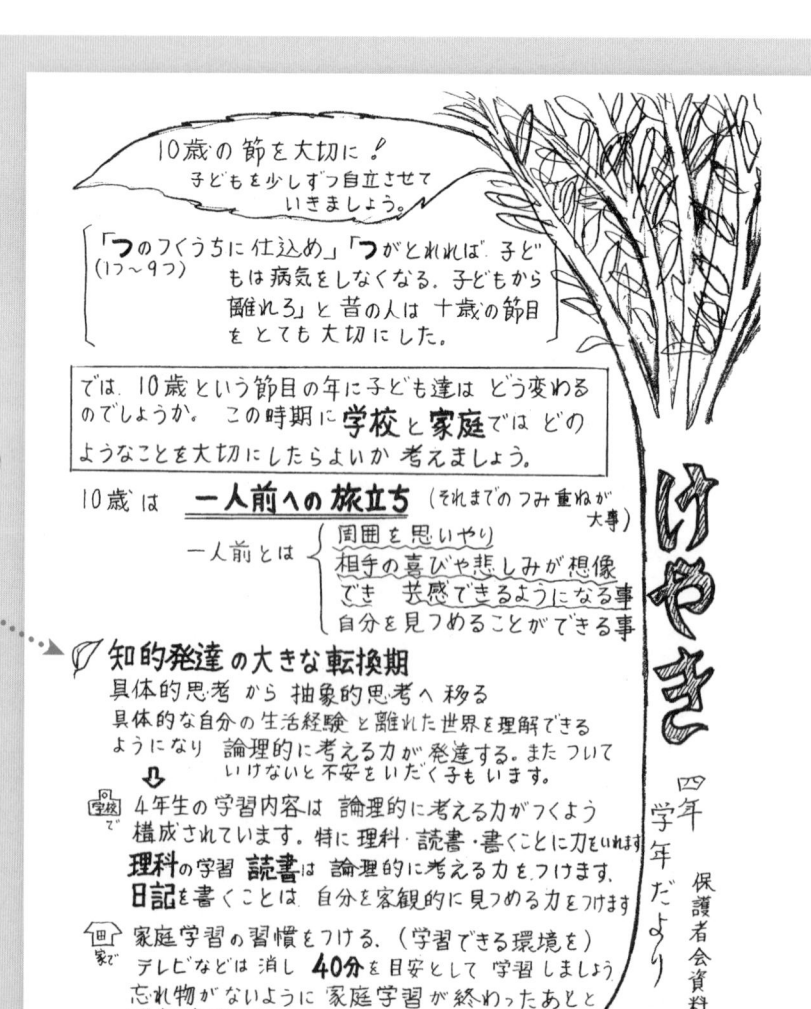

けやき　四年　学年だより　保護者会資料

10歳の節を大切に！
子どもを少しずつ自立させていきましょう。

「つのつくうちに仕込め」（1つ〜9つ）「つがとれれば、子どもは病気をしなくなる。子どもから離れろ」と昔の人は十歳の節目をとても大切にした。

では、10歳という節目の年に子ども達はどう変わるのでしょうか。この時期に**学校**と**家庭**ではどのようなことを大切にしたらよいか考えましょう。

10歳は　**一人前への旅立ち**（それまでのつみ重ねが大事）

一人前とは
- 周囲を思いやり
- 相手の喜びや悲しみが想像でき　共感できるようになる事
- 自分を見つめることができる事

🍀 **知的発達**の大きな**転換期**
　具体的思考から抽象的思考へ移る
　具体的な自分の生活経験と離れた世界を理解できるようになり　論理的に考える力が発達する。またついていけないと不安をいだく子もいます。
　⬇
🏫で　4年生の学習内容は　論理的に考える力がつくよう構成されています。特に理科・読書・書くことに力をいれます
　理科の学習　**読書**は論理的に考える力をつけます。
　日記を書くことは　自分を客観的に見つめる力をつけます

🏠家で　家庭学習の習慣をつける。（学習できる環境を）
テレビなどは消し　**40分**を目安として　学習しましょう
忘れ物がないように　家庭学習が終わったあと翌朝　点検しましょう

1. 学年通信をつくってみよう

魅力的なフレーズをのせよう。

　この学年通信には，ほかにも「10歳は一人前への旅立ち」など，印象的なフレーズがちりばめられています。印象的で具体的な内容を読んだ保護者は，ぜひ保護者会に出席して詳しく話を聞きたいと思うのではないでしょうか。

　このように，保護者が子どもをどのように育てていけばよいかを考えるヒントや，該当の学年，年齢に合わせた内容で学校と家庭が協力して育てていく工夫を書き，保護者と担任で共通理解しておきたいことを，しっかりと伝えることが大切です。

　また，学年通信を読んだら得をした（新しい知識が身に付いた）というポイントがあると，続けて毎月読んでもらえるようになります。これは，学級通信でも言えることです。

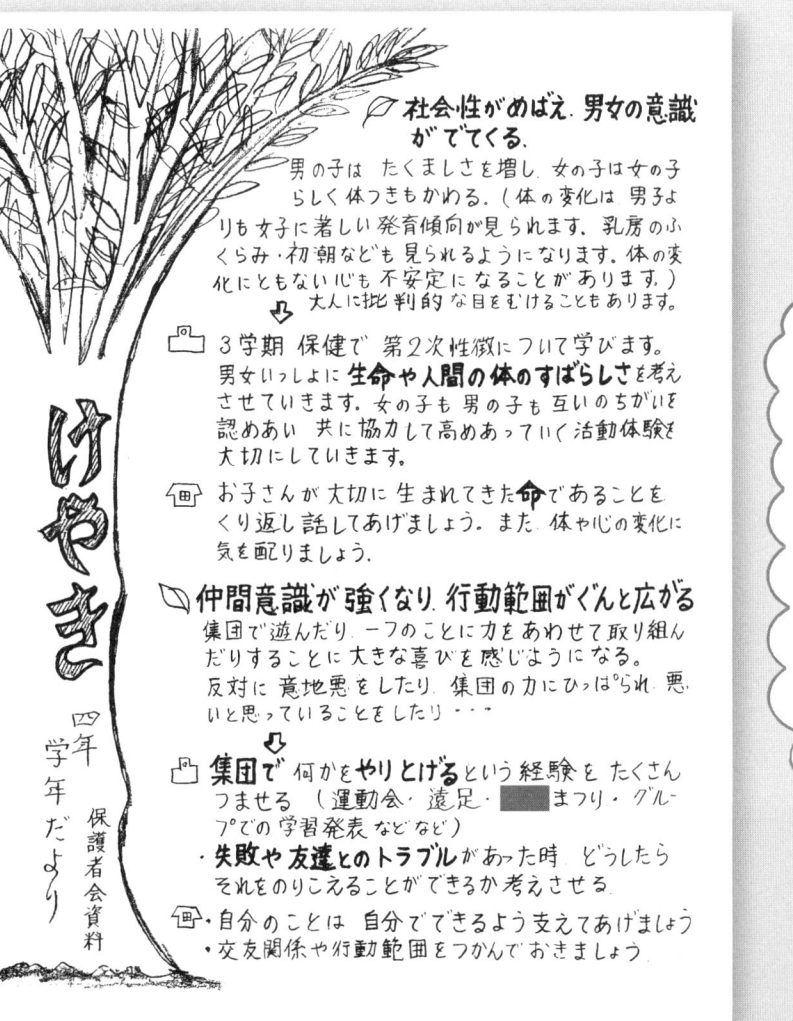

けやき　四年学年だより　保護者会資料

🌿 **社会性がめばえ，男女の意識がでてくる。**

男の子は たくましさを増し，女の子は女の子らしく体つきもかわる。（体の変化は 男子よりも女子に著しい発育傾向が見られます。乳房のふくらみ・初潮なども見られるようになります。体の変化にともない心も不安定になることがあります。）
大人に批判的な目をむけることもあります。

📷 3学期 保健で 第2次性徴について学びます。男女いっしょに**生命や人間の体のすばらしさ**を考えさせていきます。女の子も男の子も互いのちがいを認めあい 共に協力して高めあっていく活動体験を大切にしていきます。

🏠 お子さんが大切に生まれてきた**命**であることをくり返し話してあげましょう。また，体や心の変化に気を配りましょう。

🌿 **仲間意識が強くなり，行動範囲がぐんと広がる**

集団で遊んだり，一つのことに力をあわせて取り組んだりすることに大きな喜びを感じるようになる。
反対に 意地悪をしたり，集団の力にひっぱられ，悪いと思っていることをしたり・・・

📷 **集団で**何かを**やりとげる**という経験を たくさんつませる（運動会・遠足・■■まつり・グループでの学習発表 などなど）
・**失敗や友達とのトラブル**があった時 どうしたらそれをのりこえることができるか考えさせる

🏠 ・自分のことは 自分でできるよう支えてあげましょう
・交友関係や行動範囲をつかんでおきましょう

[B4判]

> 右ページでは，心身の発達に関すること，社会性に関することなど，長年の教師経験に基づいた内容を記しています。
> 学校と家庭での役割をマークで記しているところも，学校と家庭で協力してこの学年を盛り上げていこうという担任の思いが感じられます。

④ 1年生の学年通信をつくるときには…

1年生の学年通信で配慮すべきこと。

さて，1年生の学年通信を作成するときは，ほかの学年とやや事情が異なります。

1年生の4月は，まだひらがな練習をしていません。ですので，連絡帳に明日の予定を書くことは難しいです。また，第1章でも触れたように，保護者に安心してもらうために，1年生では学年で統一した指導をすることが多くあります。

そこで，2年生以上は月ごとに発行する学年通信も，1年生のはじめのうちは毎週発行し，次週の予定を保護者に伝えていくようにしましょう。

> 1年生が毎日がんばって学校生活を送っているようすが思い浮かびますね。保護者にも安心感を与える内容です。
> この学年通信は，4月16日で，すでに第5号です。1年生はこのように丁寧に学年通信を発行するのが理想的です。

1年 学年だより

はじめのいっぽ

■小学校　平成16年4月16日　No.5

上手にできたよ　1年生をむかえる会

15日（木）に1年生を迎える会が行われました。6年生に手をひかれ，花のアーチをくぐった1年生。2年生から6年生のお兄さん，お姉さんが■小学校のことをいろいろ教えてくれました。ずっと練習してきた「ドキドキドン！1年生」も上手にでき，これで本当に■小学校の仲間入りです。

14日（水）からは給食も始まりました。白衣をつけ，牛乳を配ったり，おかずをよそったりと，みんな張り切っています。

来週の予定	行事予定	下校時刻
19日（月）	授業参観・保護者会　【5時間授業】	2時15分頃
20日（火）	発育測定（体重・身長・座高）・避難訓練　【月曜日の振り替えのため4時間授業】	1時30分頃
21日（水）	地域子ども会　【5時間授業】	2時頃
22日（木）	【水曜日の振り替えのため4時間授業】	1時30分頃
23日（金）	【5時間授業】	2時40分頃

授業参観・保護者会について

先日お知らせしましたように，4月19日（月）に第一回目の授業参観を行います。5時間目（1：20～2：05）は各教室で授業の様子を参観していただきます。3学級とも国語でひらがなの練習をする予定です。その後，体育館にて保護者会（全体会2：20～，学年3：00～）を行います。入学式のときに時間がなくてお話しできなかったことなど，大切なお話があります。

保護者用の名札について

学校通信でもお知らせしておりますが，■小学校では保護者の方が来校されるときには，名札をつけることになっております。本日，■小学校にご兄弟がいらっしゃらないお子さんに，名札用の紙2枚とケース一つをお配りしました。保護者の方の氏名をお書きの上，ご来校のおりには見えやすい位置におつけ下さい。

1. 学年通信をつくってみよう

1年生のはじめの学年通信で伝えること。

　それでは，何を保護者に伝えればよいでしょうか。

　「はじめのいっぽ4月16日号」を見てみましょう。まず，行事で子どもたちががんばっているようすを書き，保護者に安心してもらいます。それから週の予定を書きます。さらに，行事の中でとくに説明が必要なことを書き，1年生の子どもが家に帰ってうまく保護者に説明できなくても，わかってもらえるようにしておくことが大切です。

　また，授業で学習する内容を少し詳しく書いておくと，家庭での話題づくりになりますし，家庭学習をするときに，保護者が子どもに対して支援をしやすくなります。

第2章 学年通信をつくろう

時間割について
　本日，時間割をお配りしました。学校へは，教科ごとの用意を持たせるようお願いします。特別な持ち物があるときは，学年だよりや連絡帳にてお知らせします。忘れ物がないように，連絡袋・連絡帳は毎日確認して下さい。

下校について
　今日まで教員が一緒について集団下校をしていましたが，来週からは子どもたちだけの集団下校になります。今一度，ご家庭で交通ルールの確認をお願いいたします。
　※学童を休ませるときには必ず連絡帳で学校と学童へお伝え下さい。

ご家庭でよろしくお願いします！！
　※ 給食が始まりました。給食はみんなで用意・片付けをすることになっています。お茶碗へのご飯のよそい方，お皿への盛り付けなどご家庭で練習する機会を与えて下さい。
　※ 白衣（給食着）や体操着の帽子の中には，髪の毛をまとめて入れることになっていますので，入れやすい髪型・入れる練習をお願いします。
　※ 男の子用の黄色い帽子にゴムをつけていただくようお願いしてありますが，まだの子が数人います。風で飛ばされてしまいますので大至急お願いいたします。
　※ ハンカチ・ティッシュを忘れている子も何人か見られます。これから汗をかく季節になりますので，必ず毎日身につけさせて下さい。

国語の学習について
　画数の少ない文字から，ひらがなの学習を始めています。1日2文字ほどです。できるだけ丁寧に，正しく書くことを目標にしています。学校で習った文字をご家庭で練習することも多いと思います。きちんと書けましたら，たくさんほめてあげて下さい。
【学習の順序】
「つ」「く」「し」「へ」「い」「り」「こ」「て」「の」「ひ」「ろ」「そ」「ち」「ら」「と」「う」「か」「さ」「き」「み」「す」「な」「る」「む」「け」「に」「た」「ん」「え」「め」「ぬ」「ね」「お」「ま」「ほ」「よ」「は」「も」「あ」「わ」「れ」「ゆ」「ふ」「や」「せ」「を」

遠足について
　4月27日（火）は全校遠足です。今年はバスで▧▧▧▧▧公園まで行きます。詳しい内容や持ち物，予定につきましては，先日お配りした全校遠足の案内，及び後日お配りする遠足のしおりをご覧下さい。なお，雨天の場合は▧▧▧▧▧館に行く予定です。
　それにあわせて，遠足代の集金を行います。今回は入園料180円＋個人写真のフィルム代20円の，計200円を集めさせていただきます。集金袋に入れ，**4月21日（水）までに担任**までご提出下さい。

> 1年生は，家庭の協力が何よりも必要な学年になります。
> このように，家庭でどのようなことをしてもらいたいか，具体的に書くことが大切です。

[B4判]

2 学年通信で，学年のようすを伝えよう

学校行事は，学級で行う活動と，学年で行う活動があります。学級単位で行う活動は，学級通信で見どころなどを伝えますので，ここでは学年通信での伝え方を考えてみましょう。

① 学年通信で学校行事を伝えよう

学校行事のようすを伝えよう。

　学年通信では，学年全体で行う活動を詳しく紹介することが大切です。そして「子どもたちがこのような活動をします」「こんな見どころがあります」「ぜひ見に来てください」というように，参観したいと思うような工夫をしましょう。ただし，保護者の参加できない子どもが，つらい思いをしないような配慮が必要です。

　学校行事は，月1回の学年通信でタイミングよく掲載していくように事前に計画しておくことが大切ですが，どうしてもタイミングが合わず，掲載できない場合もあります。その場合は，臨時の特別号を発行して対応しましょう。

　なお，移動教室や林間・臨海学校は情報量が多いので，学年通信だけでなく，別途冊子を作成し，説明会を開きましょう。

> 大縄集会のようすが伝えられています。このように，学年全体でがんばったようすを伝えるとよいですね。

[B4判]

運動会・学芸会・展覧会・音楽会・学習発表会などの伝え方

　では，学年単位で行うことが多い学校行事をピックアップして，学年通信を作成するときのポイントを紹介しましょう。

① 運動会
　運動会は，家族そろって参観に来ることが多い学校行事です。学級通信のところでも紹介したように，「どのような競技があるのか」「どこで自分の子どもが応援や演技をしているのか？」という疑問にわかりやすくこたえる内容にしましょう。

② 学芸会
　学芸会は，学年単位で行うことが多いので，学年通信で紹介することが必要です。
　「どのような内容で，子どもたちはどのようなことを伝えたいと思っているか」「役決めのときにはどのようなエピソードがあったか」「練習ではどのように苦労したか」などを載せると，ぜひ見に行きたいという保護者の関心・意欲が高まります。

③ 展覧会
　展覧会では，学年で共通のテーマ作品を展示することが多くあります。共通のテーマがある場合は，学年通信で紹介すると効果的です。
　また，子どもが作品を作ったときの苦労や，見てもらいたいポイント，あるいは友だちの作品のよいところを子どもたちの言葉で紹介するとよいでしょう。

④ 音楽会
　音楽会は，通常，学年で合奏・合唱などを行います。ですので，音楽の聴きどころをアピールして，ぜひ聴きに行きたいと思うような学年通信にする必要があります。
　展覧会と同様に，子どもの言葉で，「このようなところを聴きに来てください」という紹介をすることも有効です。

⑤ 学習発表会
　学習発表会は，「この勉強を活用して，こんな発表をします」という内容を具体的に伝えましょう。

　5年生の学年通信**「大地」**では，一日学校公開のお知らせとともに，大縄集会で子どもたちががんばったようすを伝えています。このようにふだんの学校生活で子どもたちががんばっているようすを伝えると，保護者は「近いうちに学校公開があるから見に行こう」という気分になります。
　保護者が参観したいと思うような，効果的な学年通信のつくり方を考えていきましょう。

❷ 学期末の学年通信をつくろう

学期内の取り組みを，学年（学校）の統一した見解として伝えよう。

　学期末の学年通信は，保護者会資料と兼ねることが多くあります。

　2年生の学年通信「ぐうちょきぱあⅡ7月3日号」は，1学期末の保護者会のための資料でもあります。1学期の間に子どもたちはどのようなことができるようになったかを，学習面，生活面に分けて書いています。

　また，よいことばかりではなく，このような点はまだ不十分という点についても書いています。夏休みという長い休みを利用して学習や生活で気をつけることを書いているのも親切です。

> 学習面と生活面でできるようになったことを，とても具体的に，わかりやすく書いています。
>
> このように学年の取り組みを伝えることによって，保護者は子どもたちの現在の状況を客観的に知ることができます。

―2年学年通信―
ぐうちょきぱあⅡ　2年生つうしん　◯◯小学校
No.7　2008.7.3(木)　1学期末保護者会資料
＊今日はお忙しい中ありがとうございます．

1. 1学期をふりかえって

　入学式での「歓迎の出しもの」からスタートして，3ヶ月．2年生として，1年生のお手本になれるような学校生活を送ろうと，がんばってきました．また，学習では1年生のときにくらべ，ずいぶん難しくなってきましたが，2年生みんなで伸びていこうと，がんばってきました．運動会では，保護者のみなさんに，2年生全員の一生懸命な姿を見ていただくことができて，担任一同とてもうれしかったです．子どもたちも力を合わせて，運動会をつくり上げる喜びを体験し，自信につながりました．
　1学期も，保護者のみなさんからの力強い支えがあって，進めてくることができました．ありがとうございました！

★学習面では★
① 基礎学力定着に力を入れてきました．ご家庭でも毎日宿題プリントのチェックをしていただき，ありがとうございました．ご協力のおかげで，学習の基礎が子どもたち全員に定着してきています．
② 新出漢字が1学期だけでもたくさんあり，大変でした．毎日，必死で練習してきました．（しっかり覚えきるために，夏休みもひき続き，反復練習が大切です．）
③ 音読が，上手になってきました．（間の取り方や気持ちのこめ方は，内容理解が大切です．音読の習慣）
④ 2位数の，たし算・ひき算の筆算は，やくそく（①1位をそろえてかく．②一の位からけいさん．③くり上がり（下がり）のしるしをつける．）を，しっかり身につけ，スムーズに計算できるようになりました．（おぼえきるまでは"声出し"が大切でした．） 
⑤「長さ」の，「定規ではかる」「正確な直線を引く」は，知識だけでなく，定規を使いこなせる器用さが必要です．そのためには やはり，たくさん練習して，使いなれることが大切でした．
⑥「100より大きい数」では，数を量としてとらえ，位取りが，正しくできることが大切です．
⑦ 生活科では，理科的な学習（植物を育てる，観察する）と，社会科的な学習（学校たんけん・町たんけん）などに取りくみ，科学的な見方や考え方の初歩を学びました．
⑧ 音楽では，けんばんハーモニカが上手になってきました．（むずかしい曲にもチャレンジしました．）
⑨ 体育ではダンスが大好きになり，むずかしい踊りも覚えたくて，一生懸命．ボール投げも上達しました．

★生活面では★
① 友だち関係が広がって，いろいろな友だちと遊べるようになりました．お互いにプラス面，マイナス面とも影響を受け合っています．（マイナス面については指導中．対等の関係が大切です．）
② 係や当番活動では，進んで責任をもってやりきっている子どもたちも，ふえてきました．
　（反面，今，何をするときなのかがわからずふらふらしている子どもには担任がフォローしています．）
③ 困っている友だちを助けてあげる人がいて，友だちから信頼されています．（担任も助けられています）

通知表の見方を載せよう。

　さらに学期末ということで、通知表（あゆみ）の見方についても載せています。「観点」をわかりやすく説明していて、通知表の見方がよくわかります。

　また、1年生のときよりも評価が厳しめになっていることを書いています。あらかじめ学年通信に評価のつけ方を掲載しておくことによって、保護者にも理解を得られるでしょうし、自分の子どもの成績が下がっていたとしても、保護者から説明してくれるでしょう。

　このように、学年通信では、学年で統一した見解を保護者に伝えることができます。

> 夏休み前の子どもや保護者にとっては、やや厳しい内容だと思われるかもしれません。しかし、この方法がいちばん保護者の理解を得られるのではないかと思います。
> 　なお、この学年通信に合わせて発行した学級通信が66～67ページに載っています。くらべてみましょう。

[B4判]

③ 学年最後の学年通信をつくろう

1年間の成長のようすを伝えよう。

　さて，いよいよ年度が終わる3月には，どのような学年通信を出したらよいでしょう。
　4年生の学年通信**「みんなでジャンプ3月14日号」**は，はじめに子どもたちの声で，この1年間でうれしかったこと，楽しかったことを書いています。その子どもたちの声を受けて，担任から見ても子どもたちが楽しく過ごしてきたことを記しています。
　これは私の学校経営方針である「子どもたちが楽しいと感じることのできる学校」に基づいています。保護者はこの学年通信を見て，子どもがいろいろな場面で学校生活を楽しいと感じていることを知り，1年間子どもが楽しく学校生活を送ってきたことに安心感を持つことができるでしょう。

> 子どもたちの生の声を，学年通信にうまく活かしています。
> 子どもたちの1年間の成長のようすをかい間見ることができますね。

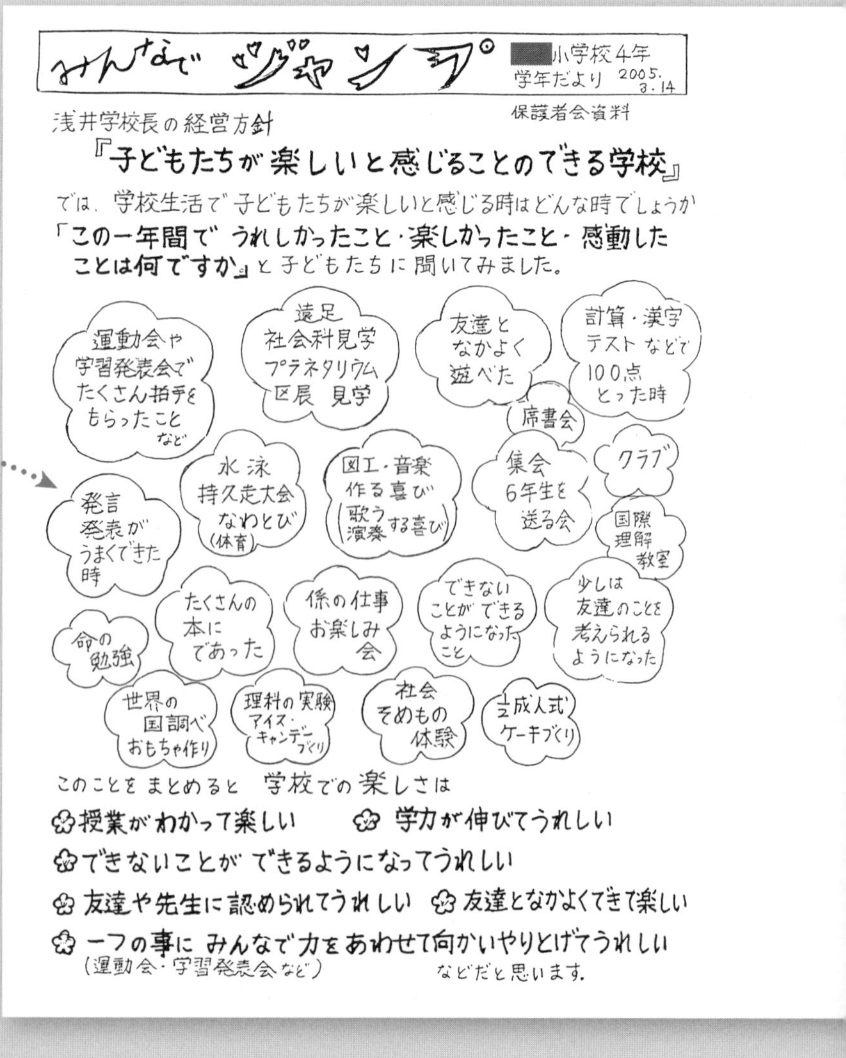

みんなで ジャンプ　■小学校4年
学年だより 2005.3.14
保護者会資料

浅井学校長の経営方針
『子どもたちが 楽しいと感じることのできる学校』

では，学校生活で子どもたちが楽しいと感じる時はどんな時でしょうか
「この一年間で うれしかったこと・楽しかったこと・感動したことは何ですか」と子どもたちに聞いてみました。

- 運動会や学習発表会でたくさん拍手をもらったことなど
- 遠足 社会科見学 プラネタリウム 区長見学
- 友達となかよく遊べた
- 計算・漢字テストなどで100点とった時
- 発言発表がうまくできた時
- 水泳 持久走大会 なわとび (体育)
- 図工・音楽 作る喜び 歌う演奏する喜び
- 席書会
- 集会 6年生を送る会
- クラブ
- 国際理解教室
- 命の勉強
- たくさんの本にであった
- 係の仕事 お楽しみ会
- できないことができるようになったこと
- 少しは友達のことを考えられるようになった
- 世界の国調べ おもちゃ作り
- 理科の実験 アイス・キャンデーづくり
- 社会 そめもの体験
- 成人式 ケーキづくり

このことをまとめると　学校での楽しさは
- 授業がわかって楽しい
- 学力が伸びてうれしい
- できないことができるようになってうれしい
- 友達や先生に認められてうれしい
- 友達となかよくできて楽しい
- 一つの事にみんなで力をあわせて向かいやりとげてうれしい（運動会・学習発表会など）

などだと思います．

いっしょに過ごしてきた子どもたち，そして保護者へ。

　この学年通信では，左ページで1年間子どもたちがどのような力をつけてきたかに触れ，右ページでこれからどのようなことに注意していったらよいかを記述しています。

　このあと，子どもたちは5年生に進級し，クラス替え，新しい担任との出会いがあります。この担任は3年生，4年生と2年間持ち上がりで担任してきました。2年間いっしょに過ごしてきて，子どもたちや保護者に伝えたいことが「課題(壁)に挑戦しようとし，やりとげる力をつける」という言葉に凝縮されています。

　最後にやや厳しいアドバイスかもしれませんが，子どもたちに対する学年の担任全員の愛情が込められています。このような伝え方ができるのも，学年通信の大きな役割です。

> これらの記述に，学年担任としての思いが込められています。
> これから高学年を迎える子どもたち，そして保護者にとって，貴重なアドバイスになるはずです。

[B4判]

学年はじめの学年通信と関連づけよう。

　同じく4年生の学年通信である「けやき」を見てみましょう。ここで、4月号ではどのようなことが書かれていたのか、80～81ページをふり返ってみましょう。4月号では、4年生は10歳という節目の学年で、子どもたちはどのようなことを大切にしたらよいのかが書かれていましたね。

　そして、学年末の「けやき」では、子どもたちが1年かけてがんばってきたこと、5年生に向けてがんばっていってほしいことを、あたたかい気持ちで書いています。

　担任としては、4月に学年の目標を保護者に伝えました。学年末の学年通信はそれらをふり返り、学年経営がどうだったのかをまとめる機会となります。1年間のまとめの意味を込めて、4月の学年目標に照らし合わせた内容を掲載するようにしましょう。

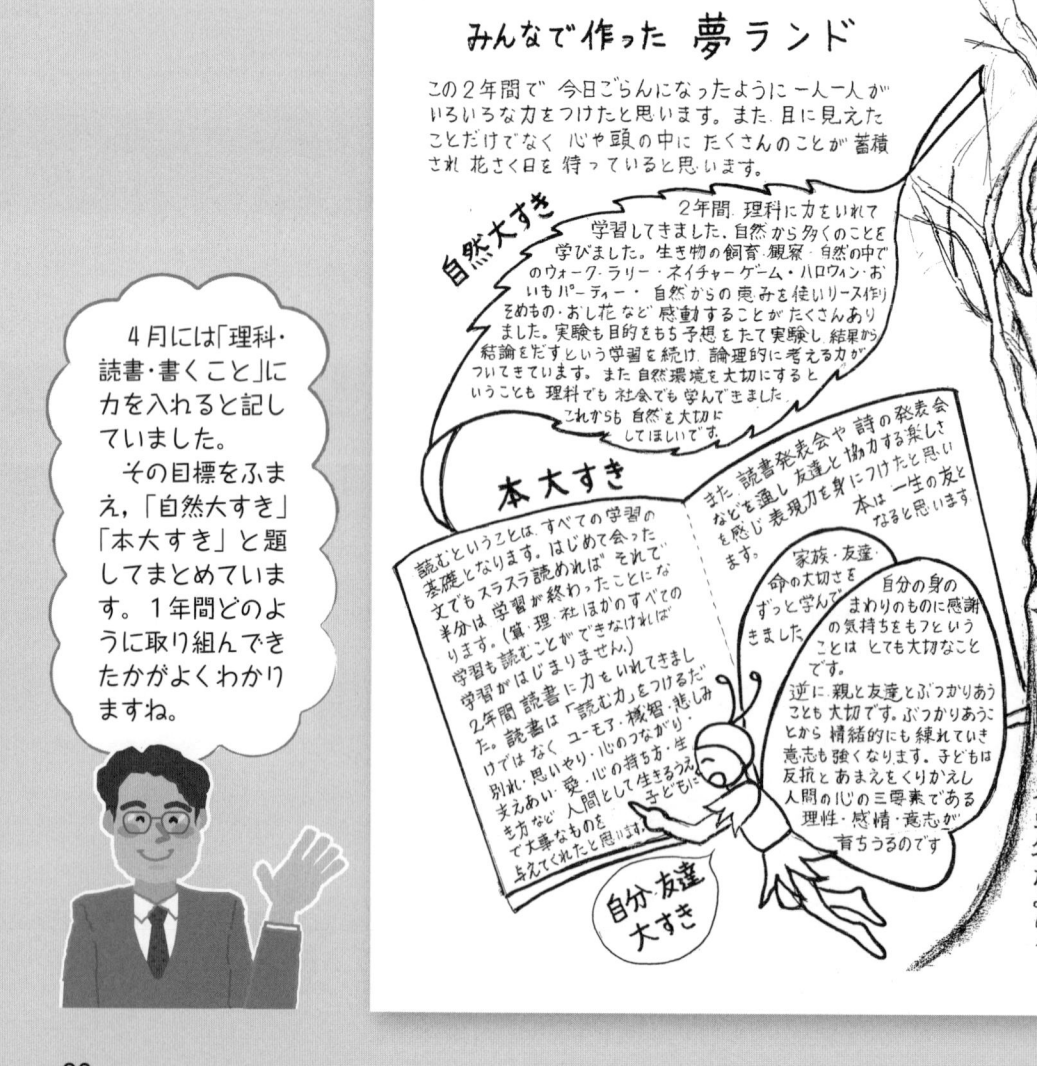

> 4月には「理科・読書・書くこと」に力を入れると記していました。
> その目標をふまえ、「自然大すき」「本大すき」と題してまとめています。1年間どのように取り組んできたかがよくわかりますね。

けやき　四年学年だより　保護者会資料

みんなで作った　夢ランド

この2年間で 今日ごらんになったように 一人一人がいろいろな力をつけたと思います。また、目に見えたことだけでなく 心や頭の中に たくさんのことが蓄積され 花さく日を待っていると思います。

自然大すき
2年間、理科に力をいれて学習してきました。自然から多くのことを学びました。生き物の飼育・観察・自然の中でのウォーク・ラリー・ネイチャーゲーム・ハロウィン・おいもパーティー・自然からの恵みを使いリース作り・そめもの・おし花 など 感動することがたくさんありました。実験も目的をもち予想をたて実験し 結果から結論をだすという学習を続け、論理的に考える力がついてきています。また 自然環境を大切にするということも 理科でも 社会でも学んできました。これからも 自然を大切にしてほしいです。

本大すき
読むということは、すべての学習の基礎となります。はじめて会った文でもスラスラ読めれば それで半分は学習が終わったことになります。（算・理・社ほかのすべての学習も 読むことができなければ 学習がはじまりません。）
2年間 読書に力をいれてきました。読書は「読む力」をつけるだけではなく ユーモア・機智・悲しみ・別れ・思いやり・心のつながり・ささえあい・愛・心の持ち方・生き方など 人間として生きるうえで大事なものを 与えてくれたと思います。

また、読書発表会や詩の発表会などを通し 友達と協力する楽しさを感じ、表現力を身につけたと思います。本は 一生の友となると思います。

自分・友達大すき
家族・友達・命の大切さをずっと学んできました。自分の身のまわりのものに感謝の気持ちをもつ ということは とても大切なことです。
逆に、親と友達とぶつかりあうことも大切です。ぶつかりあうことから 情緒的にも練れていき 意志も強くなります。子どもは 反抗とあまえをくりかえし 人間の心の三要素である 理性・感情・意志が 育ちうるのです

2. 学年通信で，学年のようすを伝えよう

思い出に残る学年通信をつくろう。

　保護者に1年間のようすを伝えると同時に，4年生の最後ともなると，子どもたちは学年通信に書いてあることをじゅうぶんに理解することができます。4年生の子どもたちは，3年生，4年生とクラス替えをしないで，2年間同じ学級で生活してきています。

　そこで，学年通信で子どもたちにたくさんの思い出をふり返るあと押しをしてみましょう。このような学年通信を読んでいると，こんなことができるようになったんだという，自信とあたたかい思いがわいてくるはずです。よい友だちやよい先生に出会い，楽しい時間を過ごしたことを思い出せるような文章にすると，小学校時代のよい思い出としていつまでも記憶に残ることでしょう。

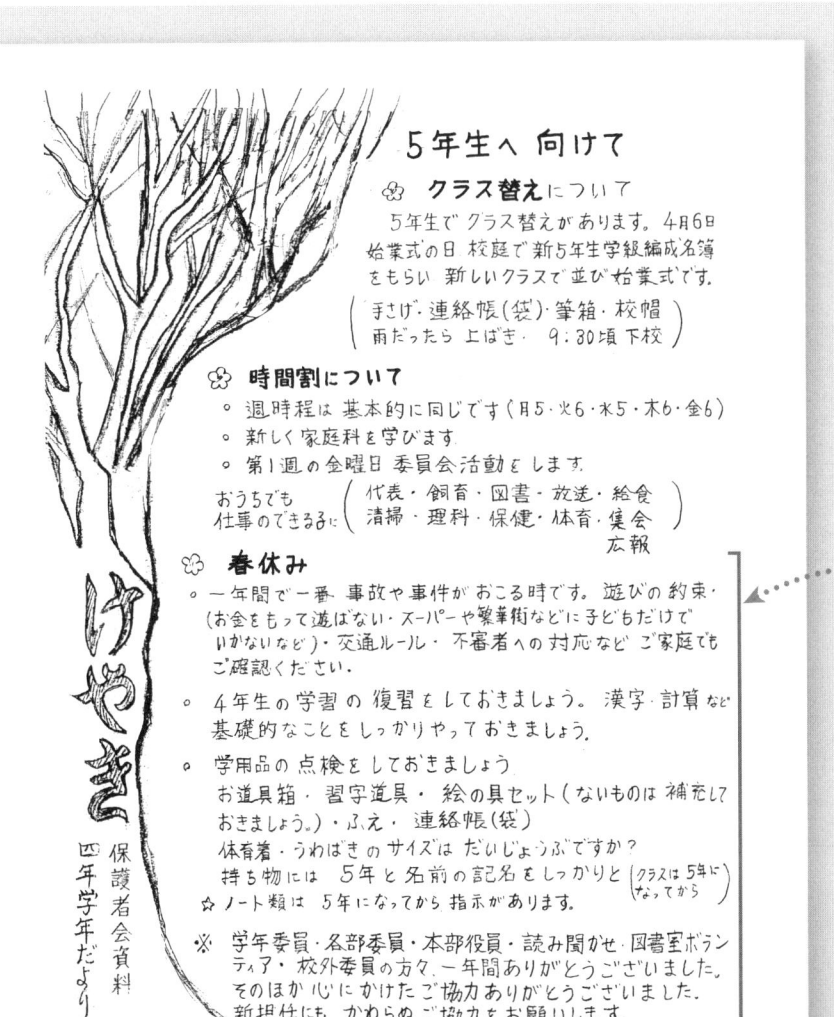

> 春休みの過ごし方を具体的に記しています。
> 　春休みは，新学年に向けて準備する期間でもあります。このように具体的に記しておくことは，とても大切です。

[B4判]

学期末の学年通信と関連づけよう。

　86〜87ページで，1学期末の2年生の学年通信「ぐうちょきぱあⅡ 7月3日号」を紹介しました。そして，「ぐうちょきぱあⅡ 3月12日号」が，最後の学年通信です。

　学習面でこれまでに勉強してきたこと，力をつけてきた内容，そして生活面で身につけてきたこと，まだ課題になっていることを，1学期と同様の形式で記しています。1学期末の学年通信と比較しながら見てみると，さらに子どもたちのできることが多くなっているのがわかります。

　また，この学年通信では通知表の見方を詳しく伝えてきました。最後の通知表の見方についても，1学期末にくらべると要求が高くなり，評価内容もレベルが上がっていることがわかります。このように1年間同様の形式で成長を伝えることによって，保護者も子どもたちの学習面や生活面での成長を感じ取ることができるでしょう。

> 1学期末，2学期末，学年末と，同じ形式で子どもたちの学習面と生活面のようすを伝えています。
> 担任のふだんからの丁寧な指導が感じられる学年通信です。

学年PTA委員のみなさんに感謝を！

最後に，学年の応援団である学年PTA委員の皆さんにスポットを当てて，感謝の言葉などを載せています。

学年PTA委員の皆さんは，ご自身の生活・時間をやりくりして1年間協力してくださいました。おそらく「1年間がんばってきたことを先生がたが認めてくれていたんだ」と感じていただけるでしょうし，苦労もよい思い出に変わることもあるのではないでしょうか。

感謝の意を表すことができる1つの機会として，学年通信を活用しましょう。

> 学年末も，観点と評価内容を細かく説明しています。学習面について，1年間の真摯な取り組みのようすが感じられます。

[B4判]

6年生，学年末の学年通信

　さて，いよいよ6年生最後の学年通信です。やはり，卒業していく6年生に向けて，エールを送りたいものです。
　学級通信と似たような内容になるかもしれませんが，学年の先生全員の思いを伝えるような文体にすると，子どもや保護者の心に訴えかけることができるようです。担任の熱い思いは学級通信に書き，あくまでも学年通信は学年共通の思いを書いていくことがよいでしょう。

　いよいよ，6年最後の学年通信3月号になりました。あと1か月で小学校生活もおしまいです。やり残したと感じることがないようにして，中学校に進学しましょう。小学校の学習で，ここはまだよく理解できていないと思うことがありましたら，遠慮なく担任の先生に聞きましょう。担任の先生は卒業していく皆さんのことを，とても大切に考えています。ですから，わからないことはわかるまで，ていねいに教えます。中学校の勉強はどんどん進みます。小学校の勉強でわからないことがあると，中学校の勉強ではわからないことが，さらに増えてしまいます。ぜひやり残したことがないようにしましょう。

　掃除をていねいにして，学校をきれいにしましょう。6年間お世話になった学校です。心をこめてきれいな学校にして感謝の気持ちを表しましょう。

　下学年の後輩に親切にしましょう。すばらしい6年生だったと下学年の人たちの思い出に残るようにしましょう。5年生も皆さんを見習って，すばらしい6年生になることでしょう。

　さて，3月14日に保護者の皆様にとっても，小学校最後の保護者会を行います。子どもたちの成長したことについて語り合いましょう。ぜひ，ご参加ください。

2. 学年通信で，学年のようすを伝えよう

♣ **まとめにかえて**

●**学年通信で，スムーズな学年経営を！！**

　第2章では，学年通信を紹介してきました。学年通信は学年主任の先生が作成することがきっと多いでしょう。掲載した学年通信を見ると，学年主任の先生が複数のクラスを統括し，学年運営をしているようすがとてもよく表れていたのではないでしょうか。そこには，学校生活の伝達事項だけではなく，子どもたちや保護者へのさまざまな思いが詰まっています。

　今回紹介した学年通信を見ると，保護者が学年の先生を信頼するようになる秘けつをかい間見ることができるでしょう。学級通信を作成する上に，学年通信を作成することによって負担感が増すと本末転倒になってしまいますが，複数のクラスがある場合は同じ学年の先生とよく相談して，持ち回りで作成することも可能です。

　学級通信における学級運営と同様，学年経営をスムーズにしていくために，学年通信の積極的な活用をおすすめします。

第2章　学年通信をつくろう

column
著作権について配慮しよう

　ほかの人が作成した著作物(イラスト，写真，文章，詩など)を学級通信・学年通信で使用する際には，原則として著作権者の許諾が必要です。ただし，以下の事項を配慮すれば，著作権者の許諾なしに使用することができます。

引用における注意事項
　他人の著作物を自分の著作物の中に取り込む場合，すなわち引用を行う場合，一般的には，以下の事項に注意しなければなりません。
1. (1)他人の著作物を引用する必然性があること。
2. (2)かぎ括弧をつけるなど，自分の著作物と引用部分とが区別されていること。
3. (3)自分の著作物と引用する著作物との主従関係が明確であること（自分の著作物が主体）。
4. (4)出所の明示がなされていること。

文化庁ホームページ「著作物が自由に使える場合」より引用
(http://www.bunka.go.jp/chosakuken/gaiyou/chosakubutsu_jiyu.html)

　イラスト・写真には，許諾なしで自由に使用できる素材集などもあります。それらを使用することも便利です。
　著作権にはじゅうぶんに配慮して，学級通信・学年通信をつくるようにしましょう。

〈参考－著作権法第32条第1項(引用)〉
公表された著作物は，引用して利用することができる。この場合において，その引用は，公正な慣行に合致するものであり，かつ，報道，批評，研究その他の引用の目的上正当な範囲内で行なわれるものでなければならない。

おわりに

　最後に，私が書いた学校通信の原稿を6点載せます。学校の教育方針を保護者に伝える書き方で自分の体験をもとに書いています。

　学校通信は校長と担当教員の係が中心になって，月ごとにいろいろな教員にも協力してもらい発行します。月の行事を伝えるためだけでなく，校長の学校経営方針を全家庭に伝えていく意味合いや，学校のよさを伝えていく意味合い，家庭教育を進めるための一手段という意味合いがあります。保護者に読んでもらえる学校通信にするためには，感動的な話や校長自身の体験談，エッセイ的な文を取り入れる方法などがあります。

　学校通信でどのように私の考えや子どもの育て方について伝えているのか，保護者や地域から参考になったという例をあげます。学級通信や学年通信の書き方にも通じるところがありますので，参考にしてください。

　さて，学級通信は，しっかりとした学級経営をするための強力な武器の一つです。本書を参考にして，子どもたちの力が伸びる，子どもたちのためのすばらしい学級をつくってください。そして，学級通信はファイルに残すことにより，担任にとってもいつまでも思い出すことができる資料になります。過去にさかのぼり，学級経営に行き詰まったときに解決するためのヒントにすることもできます。さらに，保護者の信頼と絆を強くするためにも有効な手段のひとつです。

　また，月ごとに学年の行事をわかりやすく掲載した学年通信を，次年度にその学年を担任する先生に向けて，ファイルに残して引き継いでいくと，その学年でやってきたことを伝えることができます。また，自分でも，その学年を再び担任することがあればふりかえることができる利点があります。このように，学年通信を活用することによって，自分のときの学年経営だけではなく，次年度の学年経営もスムーズにすることができるでしょう。

　本書を読んで学級通信，学年通信をつくり，子どもたちの力を最大限伸ばすことができたと，満足して進級，卒業させることができる先生がたくさん増えることを，心より願っております。

2010年3月

浅井　正秀

学校だより

5月号
平成21年4月30日
葛飾区立住吉小学校
校長　浅井　正秀

在籍児童数466名　4月30日現在

子どもの好奇心

校長　浅井　正秀

　子どもは小さいとき、好奇心のかたまりのようです。しかし、大きくなるにつれ、だんだん好奇心は薄れてきます。大人になっても好奇心を持ち続け偉大な発見をした科学者もたくさんいますが、多くの子どもたちは好奇心が薄れていきます。それは大人にも原因があるのではないかと思います。

　私の息子たちも小さいときは好奇心が旺盛でした。隣町の泥池に大きな亀が住んでいると聞けば、亀を探しに行き、新しい洋服を泥だらけにして帰り、亀を探した冒険談を夢中になって話してくれました。また、虫に興味を持ったときは、暗くなるまで原っぱで虫探しをしていて、子どもたちが誘拐されたのではないかと探し回って、すごく心配したこともありました。

　そんなある日、息子は私が車庫のシャッターを手で押し下げて閉めるのを見ていて「自分もやってみたい」と言い出しました。急いでいたのと、息子を抱き上げてシャッターを下ろさせるのが面倒だったのと、小さい息子の握力ではシャッターは下ろせないだろうと判断したことで、私は「だめだよ」と答えました。そして私は自分でシャッターを下ろそうと、指をかけ思いっきり下ろしました。すると「ガン」とにぶい音がしてシャッターが途中で止まりました。驚いて下を見ると息子の頭にシャッターがぶつかり止まっています。そして息子は頭から血を流し火のように泣き出しました。すぐ病院に連れて行きました。幸い脳に異常はありませんでしたが、好奇心のかたまりのようだった息子は、その怪我以来「自分もやってみたい」と言うことはなくなりました。

　息子は、大きくなった今でも何事にも消極的です。そんな息子を見ると、あのとき抱き上げてシャッターを下ろさせてあげればよかったと反省します。シャッターが下ろせなかったら「もう少し大きくなって握力がついたら下ろせるようになるよ」と実際に体験させてあげれば、息子の好奇心は薄れなかったのではないかと思います。

　ご家庭でも私のように、子どもたちの好奇心をつぶしてしまうことはありませんか？料理を作る忙しい時間に、子どもが「あのね」と話しかけてきたら、「後にして」と答えていませんか？また「自分もやってみたい」と子どもが言っても、きっとうまくできないだろうと考え「だめ」と答えていませんか？料理を作る手を少し休めて、話を聞いてあげたり、「ちょっと、やってみる？」と危険でないことを体験させたり、子どもの好奇心や意欲を大切にする方法はいくらでもあります。少し料理のできあがる時間が遅れても、味が落ちてしまっても、子どもの成長のために我慢していただけるとありがたいです。ここで大切なことは失敗したことがあっても「だからだめだといったでしょう」などと言わず、「うまくいかなかったことを忘れないで、次はおいしく作ろうね」とあたたかく見守ることです。子どもが大きくなり、もっと話を聞いてあげればよかった、あのとき、やらせてあげればよかったと私のように悔やんでも手遅れですから。

学校だより 6月号
平成21年5月29日
葛飾区立住吉小学校
校長　浅井　正秀

在籍児童数467名　　5月29日現在

児童理解

浅井　正秀

　私は教員として21年間、教壇に立っていました。その後は管理職の道を歩むことになりました。当然ですが教員時代には多くの子どもたちを直接指導してきました。私は、共感しやすく感情移入しやすい性格のようで、子どもがつらいときは、私も思わず涙がでましたし、子どもたちがうれしそうにしているときは、一緒になって大笑いしていました。

　あるとき、とても勉強が嫌いな子どもを担任したことがありました。授業中はぼんやりしていることが多く、指名しても答えが返ってくることはありません。宿題など1度もやってきたことはありませんでした。そんな状態ですから、テストもほとんど点数は取れませんでした。このままでは、将来つらい思いをするのではないかと、毎日のように残して勉強を教えました。何とかしなくては、という使命感と責任感で、かなり厳しく指導しましたが、成果は表れませんでした。何もいわなくても必ず宿題をやり、進んで学習する子どももいるのにと悲しくなって、家に帰って涙がこぼれたときもありました。

　ところが、その子は意外なきっかけで、勉強をするようになりました。家庭訪問で、その子の家にお邪魔したとき、その子は赤ちゃんと小さな子どもの面倒を一生懸命見ているのです。病弱なお母さんもその子を頼りにしているので、勉強のことは何も言わないということでした。その子は、こんなに小さいのに生活の一部を支えていたのかと理解でき「家であんなにお手伝いしていたんだね。友だちとも遊ぶ時間がなくて大変だったね。でも遊びたいのをがまんして、こんなに頑張れる小学生はめったにいないよ」と心底思ってほめると、表情がないと思っていた、その子が「先生が自分のことをわかってくれ、そして、ほめてくれた」とぽろぽろ涙をこぼし始めました。その時、子どもに大人の思いを押し付けるのではなく、子どもの立場に立って子どもの思いを大切にすることが、どんなに重要なことか理解できました。

　それから、その子は少しずつですが、宿題や勉強をするようになりました。やってきたことは、きちんとほめると、とてもうれしそうな顔をします。きっと小さい兄弟の面倒をみながら一生懸命勉強してきたんだろうなと思うと、他の子どもたちにとっては簡単な事でも、その子にとっては、すごくがんばった事なのだと思えるようになりました。

　子どもの立場に立って、子どもの気持ちを考えてあげることを児童理解といいます。本当の児童理解ができた時、子どもは心を開くのではないでしょうか。子どもの話をたくさん聞いて、子どもの様子をしっかり見てあげてください。（今は忙しいので、もう少し時間に余裕ができるようになってから、たくさん話を聞いてあげよう）と思っても、大きくなったら、きっと小学生の時のように、たくさん話はしなくなるのではないでしょうか。

学 校 だ よ り	7月号 平成21年6月30日 葛飾区立住吉小学校 校長　浅井　正秀

在籍児童数462名　　6月30日現在

子どもたちの成長

校長　浅井　正秀

　6月の初め、6年生全員と2泊3日で、日光移動教室に行ってきました。新緑の中を、とても楽しい宿泊体験学習ができました。

　住吉小学校の子どもたちと接するようになって2ヶ月が過ぎたところで、6年生の子どもたちと3日間、寝食を共にして6年生のよい面をたくさん知ることができました。

　子どもは、好奇心が旺盛です。低学年ほどその傾向が強いのですが、6年生も多くのことに疑問をもちます。山や木や鳥などを見つけ、名前はなんて言うのだろう、という素朴なものから、飯盒炊爨のときはどうしたら火がよく燃えるのだろう、そして美味しいご飯はどのように作ればいいのだろうということまで、いろいろな疑問がわいてきます。そんなとき、忙しくても、どの教員もていねいに対応することで、子どもたちの好奇心という学ぶための大きな力を伸ばしていました。ご家庭でも、子どもが「なぜ？」「どうして？」と疑問をもったときは、答えがわからなくても「不思議だね。お母さんも、なぜだか知りたいな、調べられるかな？」と子どもの関心・意欲を伸ばしていく話し方が重要です。

　日光移動教室での朝の様子は、起きて、すぐにテキパキと行動できる子どもと、少しぼんやりしていて、行動がゆっくりの子どもがいます。それは、個性であったり、体調であったり、血圧も関係します。日光林間学園の部屋の中で、一人だけ布団を片付けていない子どもがいました。部屋の担当の教員から「何をしている。早くしなさい」という注意の言葉が出るだろうと思い見ていました。しかし、教員から出た言葉は「検温に手間取ったのかな。周りの人も協力してあげようね」という言葉でした。食事や清掃や部屋の片付けもあり、教員はあせっているだろうに、いい声かけだと思って見ていると、まわりの子どもたちは、すぐ手を貸し、ぼんやりしていた子どもも一生懸命準備を始めました。時と場合により、厳しい注意よりも、やさしい声かけの方が有効な場合があります。子どもの立場に立ち、気持ちを考えた指導が子どもを伸ばす早道です。

　日光湯本の源泉で、他区の学校に付き添ってきた写真屋さんは「水色の帽子の子どもたちは、きびきび行動して、自分で今何をするのか考えて行動できる、すばらしい子どもたちですね」褒めてくれました。戦場が原を案内してくださったインタープリターの方は「多くの学校を説明しているが、こんなに聞く態度のいい学校は珍しい」と褒めてくださいました。本校に付き添ってくれた写真屋さんは「自分たちで意欲的にキャンプファイヤーを創り上げていてすごい」と褒めてくれました。学園の調理師さんは「飯盒炊爨のごはんの炊き方がすごく上手」と言ってくれました。学園の支配人さんは「学園での生活態度が葛飾区の中でも特にすばらしい」と褒めてくださいました。

　子どもたちが、たくさん褒められ、成長している姿がたくさん見られ、私は自分のことのように嬉しかったです。

学校だより

8.9月号
平成21年8月25日
葛飾区立住吉小学校
校長　浅井　正秀

在籍児童数463名　　8月25日現在

勇　気

校長　浅井　正秀

　7月末に、5年生全員と2泊3日で、岩井臨海学園に行ってきました。予報では3日間とも、くもりでしたが、5年生は6年生のように立派な態度でしたので、お天気も味方したのか、とてもいい天気の中、楽しい宿泊体験学習ができました。バスの中では、ガイドさんのお話を集中して静かに聞いていました。レクレーションは係の子どもが中心になって主体的に活動し、友だちも協力して係の友だちを盛り上げていました。歌もとてもきれいな声で歌うのでガイドさんが思わず拍手をしていました。海水浴も快晴の中、4回ともたっぷり泳げました。肝試しは男女協力して難関を突破していました。星の観察もしっかり話が聞けるので感心しました。天体望遠鏡で月のクレーターが見えたときは歓声があがっていました。夜もすぐ眠り、病院や岩井の看護士さんにお世話になる子は一人もいませんでした。

　5年生の子どもたちと寝食を共にして、人にやさしかったり、協力して係りの仕事をがんばったりするなど、よい面をたくさん見ることができました。その中の一つのエピソードです。2日目の夕方、私が中庭にいると3人の男の子が声をかけてきました。一人の男の子がそっと「校長先生、僕お金を拾いました」と言うと、別の男の子が「拾ったのにすぐ言わないから一緒に来ました」と言いました。「届けようと思ったんだけど、だれに渡せばいいか分からなくて」と困ったように答えると、もう一人の男の子が「でも、きちんと届けたんだから、えらいよ」と私が言おうと思ったことを言ってくれました。そっと出された手の中には1円玉が一つありました。「校長先生から宿の人に渡しておくね。3人ともとても立派だよ」と言いながら、3人の子どもたちは、なんていい子たちなんだと抱きしめてあげたくなりました。

　私は子どもの頃、喧嘩に勝つことやきまりを守らないことが勇気のあることだと思っていました。あるとき、掃除の時間に友だちと二人で廊下を水で濡らして、ほうきを杖代わりにして、勢いをつけて廊下を滑って遊んでいました。友だちと体が触れて倒れこんだ拍子に、ほうきで窓ガラスを割ってしまいました。掃除をさぼって遊んでいて、しかも窓ガラスを割ったのでは、ひどく怒られるのではないかと思い、その場から逃げてしまいました。友だちも一緒に逃げているものだと思ったら、友だちはその場に残り、駆け付けた先生に謝りガラスも片付けました。その上、私だったら「友だちもいたのに逃げてしまいました」と云いつけてしまうだろうに、私の名前は出さず「弁償します」と言ったそうです。

　私は自分の行動がひどく恥ずかしく、本物の勇気とはどういうものか、わかったような気がしました。後で先生の所に謝りに行き「私も弁償します」と言いました。先生は「正直に言いに来た勇気を評価してガラス代は先生が持とう」と言ってくださいました。きまりを守らなかったり危ないことしたりするのが勇気でなく、まして喧嘩で相手の心や体を傷つけることなど、ちっとも誇れることではないことに気が付きました。そのことを態度で教えてくれた友だちは警視庁に勤めました。きっと正義のために一生懸命働いているのだろうと思います。

　住吉小学校には、本物の勇気をもっている子どもがたくさんいると、自分のことは棚に上げてうれしくなった臨海学園でした。

| 学校だより | 10月号 平成21年9月30日 葛飾区立住吉小学校 校長　浅井　正秀 |

在籍児童数460名　　9月30日現在

真剣な子育て

校長　浅井　正秀

　私は大学生のとき、高校生の生物・化学・物理・地学を塾で教えるアルバイトをしていました。その塾の高校3年生のクラスの中に、とても優秀な生徒がいました。

　ある日、その生徒が塾をやめると言うので、理由を聞くと「経済的なこと」と答えました。やさしく素直な生徒で、もっと実力を伸ばすことができると思っていたので、塾長に「経済的な理由で塾をやめると言っていますが、きっといい大学に合格する生徒です。塾の宣伝にもなるので特待生として残せませんか？私のアルバイト代から彼の塾の月謝を引いても構いませんから。」と頼みました。塾長も快く特待生として勉強を続ける許可を出してくださいました。

　そんなやりとりをしていたときに、前の道路で塾生が事故にあったとの知らせがありました。急いで行くと、その優秀な生徒が、ふらっと道路に出てバイクに接触し、頭から血を流していました。病院に付き添い、頭を何針か縫ってもらっての帰り道で、その生徒は「塾をやめることを考えていて、まわりを見なかった自分の不注意だった。」と、しっかり説明できました。

　しかし、不安なので家まで送ることにしました。その生徒に「月謝のことは大丈夫なので、塾をやめる必要はない」と話すと、とても喜び「働きだしたら月謝を返します」と言いました。

　家に送ることは固辞するので私が「塾の帰りに怪我をしたのだから、保護者の方にお詫びをし、さらに特待生として引き続き塾に通わせてもらえるように頼む」と言うと家に案内してくれました。「家には父しかいない」「家は小さなアパートで家具が何もない」と恥ずかしそうに言うので、「お父さんだけで、こんな立派な子どもを育てたのはすごい」「テレビなど、余計なものがないから勉強に集中できて、こんなに頭がよくなったと思う」と私が言うと、しかたがないという感じで家の中に入れてくれました。なるほど「家に来てほしくない」と言うわけだと思うほど、何もない部屋に布団を敷いて、生徒を寝かせると夜遅くに父親が帰ってきました。

　父親に私が付き添っている理由を話すと、父親は「トラックの運転手の仕事をしていて、稼いだお金は飲んでしまい母親が愛想を尽かして出て行ってしまった。母親がいなくなって、ありがたみがわかり、子どものために一生懸命働くようになったが、まじめに勉強せず学校にも行かなかったので稼ぎが悪く、子どもには苦労をかけて申し訳なく思っている」と言いました。

　私は学生の分際で生意気にも父親に、子どもがどんなに優秀で、やさしい子どもなのか説明しました。そして、これからも父親が頑張っている姿を見せて、これまで苦しい家計でも子どものために高校や塾の月謝をだしていた強い愛情のことを話してほしいと頼みました。

　数ヵ月後、その生徒は、現役で東大に合格しました。その時、家庭環境が子どもの学力を決めるのではなく、親がどんなに子どものために頑張り、子どものことを思っているのか理解させることで、子どもの意欲は高まり、能力も高まるのだと感じました。

　その生徒がはじめてもらった給料でごちそうしてくれた食事の味は今でも忘れられません。

　そして、結婚してからも家族みんなで父親に孝行している姿を見るたびに心を打たれます。

　子育ては、真剣に子どもに向き合い、飾ることなく家族の一員として真剣に話をすることが大切だと思います。家庭と学校で連携し、すばらしい子どもを育てていきましょう。

学校だより	１２月号
	平成２１年１１月２６日
	葛飾区立住吉小学校
	校長　浅井　正秀

在籍児童数４６１名　　１１月２６日現在

クラス会

校長　浅井　正秀

　12月は、忘年会の月です。さらに、卒業していった子どもたちが20歳や30歳の節目の年になると、クラス会を計画してくれることも多くあります。

　ある時のクラス会で「先生、私たちが20歳になったとき、クラス会を開いたら、お祝いにみんなにご馳走してくれるとおっしゃいましたけど、よろしいですか？それを期待して33人全員そろっていますけど」と遠慮がちに幹事があいさつしました。「そうか、そんなことを言ったな。いいよ。遠慮なく好きなものを食べなさい」と答えると、子どもたちは本当に遠慮なく次々に料理を注文します。私はだんだん財布の中身が不安になり、近くにいる子どもたちに「あんまり食べるとお腹を壊すぞ」などと声をかけました。しかし、子どもたちは「若いから大丈夫です。先生にご馳走してもらおうと、昨夜から何も食べていませんから、まだまだいけます」と私の不安な気持ちなど、どこ吹く風と食べ続けます。

　ハラハラしながら時間が過ぎ、最後に挨拶を頼まれましたので「みなさんの成長がとてもうれしい。しかし、こんなに食べるようになったとは予想外で、今日の持ち合わせで足りるか不安です」と言うと、卒業生は手をたたいて喜び「浅井先生は、いつも宿題をたくさん出され、厳しい指導をしてくださったので、お返しをしようと皆で話し合いました。クラス会当日は、先生が青くなるくらい遠慮なく食べよう、ということになりました。会費は集めてありますから、先生がこのお店で皿洗いすることはありません。安心してください。」と言いました。私は青くなったり、ホッとしたりで思い出に残るクラス会になりました。

　その後、私は卒業する子どもたちに二十歳のお祝いにご馳走するとは言わなくなりました。

　そんないたずら好きの卒業生が30歳になったときも、クラス会を開きました。みんなに会いたいから、と小さな子どもを連れてきた女子が二人いたので、私が「小さい子どもが夜遅くまで起きているのはよくない」と諭すと、「わかっています、8時には帰りますから、大丈夫ですよ」と、安心する答えが返ってきました。高校の物理の教員と、中学の理科の教員をしている教え子は、小さい二人の子どもに、勉強を教えたり、話し相手になったりしてくれていました。他の卒業生も8時までは、お酒も控え、タバコも吸わず子どもたちを楽しませていました。8時になると、みんなで子連れの二人を笑顔で送り出しました。最後のあいさつで私が「みんな、すばらしい大人に成長しているのでうれしい」と言うと「先生の教え子ですから」と、つぼを心得た答えが返り感激しました。

　住吉小学校の子どもたちも、日々多くのことを学んでいます。音楽会を見ていただければわかりますが、とても、しっかりした、いい子どもたちなので、常にまわりの人に気遣いができる、やさしい大人になってくれることと期待しています。

〈著者紹介〉

浅井　正秀（あさい　まさひで）

　東京都内の小学校教諭，教頭を経て，葛飾区立住吉小学校校長（2010年3月現在）。

　専門は理科教育。全国小学校理科研究協議会理事，東京都小学校理科教育研究会研究部長を務める。2009（平成21）年度全国小学校理科研究協議会東京大会では，研究推進委員長として基調提案を行う。

　校長としての学校経営のモットーは，『子どもたちが楽しいと感じることのできる学校づくり』。とくに理科の授業で，子どもたちの意欲を引き出す工夫を行っている。

※本書で掲載している学級通信・学年通信は，東京都葛飾区立細田小学校で2004年4月から2009年3月まで，および葛飾区立住吉小学校で2010年2月に発行された学級通信・学年通信を引用しました。

さあ、学級通信をつくろう
学級・学年通信で、イキイキ学級・学年経営

2010年4月15日　初版第1刷発行

著　者：浅井正秀
発行者：山田雅彦
発行所：株式会社　日本標準
　　　　〒167-0052　東京都杉並区南荻窪3-31-18
　　　　Tel：03-3334-2620　Fax：03-3334-2623
　　　　URL：http://www.nipponhyojun.co.jp/
デザイン・制作：有限会社ジェット　坂巻裕一　内海由美子
印刷・製本：株式会社リーブルテック

©Masahide Asai 2010
ISBN 978-4-8208-0461-1　C3037
Printed in Japan

＊乱丁・落丁の場合はお取り替えいたします。
＊定価はカバーに表示してあります。